W0222679

Ce livre appartient à:
Dieses Buch gehört:

Ginette Hell-Girod

Das Kochbuch aus dem Elsaß
Le livre de la Cuisine Alsacienne

Verlag Hölker

ISBN-NR.: 3-88117-051-0
VVA-NR.: 28000051-5
© Copyright 1978/G by Verlag Wolfgang Hölker, Martinistraße 2, D-4400 Münster
Alle Rechte vorbehalten, auch auszugsweise
Printed in Germany by Druckhaus Cramer, Greven
Imprimé en Allemagne
Buchbinderische Verarbeitung Klemme & Bleimund, Bielefeld
Musterschutz angemeldet beim Amtsgericht Münster

Table des Matières

Soupes

Potage aux grenouilles 19

Soupe à la farine 20

Soupe à la bière 20

Soupe à l'oignon 21

Soupe à l'oseille 21

Soupe au pain ou panade 22

Soupe aux «Riwele» 22

Bouillon de boeuf aux quenelles à la moelle 24

Soupe aux pois cassés 26

Soupe aux cerises 27

Inhaltsverzeichnis

Suppen

Froschschenkelsuppe 19

Mehlsuppe 20

Biersuppe 20

Zwiebelsuppe 21

Sauerampfersuppe 21

Brotsuppe 22

„Riwelesupp" 22

Markklößchensuppe – „Fleischsuppe mit Marikknepfle" 25

Erbsensuppe 26

Kirschensuppe 27

Salades el entrées Froides

Salade de pissenlits au lard	29
Salade de cervelas	29
Salade de gruyère	30
Salade de radis	30
Salade de pommes de terre	31
Salade de betteraves rouges	31
Salade de choucroute	33
Tête de porc en gelee	33
Terrine de foie gras	34
Foie gras en brioche	35
Terrine d'anguilles	37
Pâte de foie de porc	38
Ballotine de lapin	39

Kalte Vorspeisen und Salate

Löwenzahnsalat	29
Zervelatwurstsalat	29
Schweizer Käsesalat	30
Rettichsalat	30
Kartoffelsalat	31
Rote-Rüben-Salat	31
Sauerkrautsalat	33
Preßkopf – Gesülzter Schweinskopf	33
Gänseleberterrine	34
„Foie Gras" in Briocheteig	35
Aalpastete	37
Pastete aus Schweineleber	38
Hasenballotine	39

Sauces

Sauce vinaigrette	41
Sauce béchamel	41
Sauce hollandaise	42
Sauce mousseline	42
Sauce au raifort (chaude)	43
Raifort à la crème	43
Sauce au raifort (froide)	44
Beurre manié (pour épaissir les sauces)	44

Entrées chaudes

Tarte à l'oignon «Ziwelwaia»	46
Tarte aux asperges	47
Omelette aux pointes d'asperges	47
Tourte de la vallée de Munster	48

Soßen

„Sauce Vinaigrette" – Salat-Kräutersoße	41
Béchamelsoße	41
Sauce Hollandaise – Holländische Soße	42
Sauce Mousseline – Musselinesoße	43
Heiße Meerrettichsoße	43
Meerrettich mit Rahm – Sahnemeerrettich	43
Kalte Meerrettichsoße	44
Mehlbutter zum Dicken der Soßen	44

Heiße Vorspeisen

Zwiebelkuchen – „Ziwelwaje"	46
Spargelkuchen	47
Omelette mit Spargelspitzen	47
Pastete aus dem Münstertal (tourte)	48

Tarte flambée «Flammekueche» 49
Cuisses de grenouilles au Riesling 50
Escargots à l'alsacienne 52
Escargots en brioche 53
Jambon en croûte 54
«Knepfe» – Boulettes à la farine 55
Crêpes épaisses 56

Legumes

Navets confits «Süri rüewa» 58
Chou rouge aux pommes 59
Asperges 60
Gratin de poireaux 62
Purée de carottes 62
Nouilles fraiches 63

Flammenkuchen – ,,Flammeküeche" 49
Froschschenkel in Riesling 50
Schnecken auf elsässische Art 52
Schneckenbissen 53
Schinken in Butterteig 54
,,Knepfe-Mehlknöpfchen 55
Pfannkuchen 56

Gemüse und Teigwaren

,,Süri Rüewa" – Saure Rüben 58
Rotkraut mit Äpfeln 59
Spargel 60
Lauchgratin 62
Karottenpüree 62
Frische Nudeln 63

Gnocchi à l'alsacienne «Grumbeereknepfle» 64
Patés aux oignons «Schniderspattle» 65
«Pfluta» aux pommes de terre 66
Noques aux pommes de terre 67
Pommes de terre des marcaires vosgiens «Roigabraggelti» 68

Poissons et crustacés

Truite aux amandes 71
Truite au Riesling 71
Brochet de l'Ill au Riesling 72
Carpe à l'alsacienne à la gelée 73
Carpes frite du Sundgau 74
Carpe farcie 76
Matelote de poissons au vin blanc 77
Filet de sandre à la crème 78
Ecrevisses des Vosges 79

„Grumbeereknepfle" 64
„Schniderspattle" – Zwiebeltäschchen 65
„Pflute" aus Kartoffeln 66
Kartoffelpuffer – Kartoffelküchlein 67
Kartoffeln nach Vogesenart „Röigebraggelti" 69

Fische und Schalentiere

Forelle mit Mandeln 71
Forelle in Riesling 71
Illhecht in Riesling 72
Karpfen in Aspik auf elsässische Art 73
Fritierter Karpfen aus dem Sundgau 74
Gefüllter Karpfen 75
Matelote (Fischragout) mit Weißwein 77
Zanderfilet in Rahmsoße 78
Vogesenkrebse 79

Volailles

L'oie farcie de la St. Martin	81
Le coq au Riesling	82
Coq à la bière	83
Fricassée de Poulet	84

Geflügel

Die gefüllte Martinsgans	81
Hahn in Riesling	82
Hahn in Bier	83
Hühnerfrikassee	84

Gibiers

Civet de lièvre	87
Râble de lièvre aux nouilles	88
Faisan à la choucroute	89
Perdrix aux choux	90
Guigue de chevreuil aux pommes	92
Cailles aux raisins	93
Canard aux cerises	95

Wildgerichte

Wildhasenpfeffer	87
Wildhasenrücken mit Nudeln	88
Fasan mit Sauerkraut	89
Rebhühner mit Grünkohl	91
Rehkeule mit Äpfeln	92
Wachteln mit Trauben	93
Ente mit Kirschen	95

Viandes

«Schieffala» (épaule de porc fumé) 97

«Surlawerla» (Foie de veau sauté) 98

Foie d'oie aux pommes reinette 100

Quenelles de foie «Lewerknepfle» 101

Côtelettes de porc au vin blanc 102

Poitrine de veau farcie 103

«Bäckeoffe» 105

Paupiettes de veau à la façon des moines de Lucelle 106

Petits pâtés à la viande «Fleischschnaka» 107

Choucroute garnie à l'alsacienne 108

Boeuf au pinot rouge 111

Feischgerichte

„Schieffela" (geräucherte Schweineschulter) 97

„Sürlawerla" (Saure Kalbsleber) 99

Gänseleber mit Reinetteäpfeln 100

„Lewerknepfle" (Leberklößchen) 101

Schweinekoteletten in Weißwein 102

Gefüllte Kalbsbrust 103

„Bäckeoffe" 105

Kalbsrouladen nach der Art der Mönche von Lucelle 106

Kleine Fleischtäschchen – „Fleischschnacka" 107

Garniertes Sauerkraut auf Elsässer Art 108

Rumpsteaks in „Pinot rouge" 111

Desserts

Pâte brisée	113
Tarte aux pommes	113
Tarte aux quetsches	114
Tarte aux fromage blanc	115
Tarte à la rhubarbe	116
Tarte aux raisins	118
Tarte aux groseilles meringuée	119
Tarte aux myrtilles	120
Tarte aux pruneaux (quetsches séchées)	120
Tarte à la cannelle	121
Pâte à beignets (pâte à frire)	122
Beignets aux pommes	124
Beignets d'acacia ou de fleurs de sureau	124
Beignets de carnaval «Fasenachtskiechle»	125
Beignets de carnaval du Sundgau – «Schenkele» ou petites cuisses	126

Nachspeisen: Kuchen

Butterteig – Mürbeteig	113
Apfelkuchen	113
Zwetschgenkuchen	114
Käsekuchen	115
Rhabarberkuchen	117
Traubenkuchen	118
Johannisbeerkuchen mit Meringenguß	119
Heidelbeerkuchen	120
Kuchen mit Trockenzwetschgen	120
Zimtkuchen	121
Ausbackteig – Krapfenteig	122
Apfelbeignets – Apfelkrapfen	124
Akazienblumen- oder Holunderdolden-beignets	124
„Fasenachtskiechele"	125
„Schenkele" – Fastnachtsküchlein aus dem Sundgau	126

Flan aux pruneaux	127	„Dörrzwetschgenfladen“	127
Le pain de noël «Birewecke»	128	Weihnachtsbrot – „Birewecke“	128
Oeufs à la neige	129	„Schneeier“	129
Mendiant (Bettelmann)	130	„Bettelmann“	130
Kugelhopf	131	Gugelhopf	131
Petits fours à l’anis	132	Anisplätzchen – „Anisbreedle“	132
Petits fours de Colmar	133	Kolmarer Plätzchen	133
Petits fours de noël	133	Weihnachtsgebäck „Schwowebreedle“	133
Créme au Kirsch	134	Kirschwassercreme	134

Boissons / Getränke

Vin chaud à cannelle	136	Zimtglühwein	136
Vin de noix	136	Nußwein	136
Liqueur de noix	137	Nußlikör	137
Liqueur de cassis	138	Schwarzer Johannisbeerlikör	138

De la cuisine alsacienne

,,Was han er güats hieta, Patron? – I kann dr Grumbeersalad mit 'm Schiffela empfahla; mer han o ,pâté en croûte', Zweewelküache un sogar Gänsalaber – Bringe is a Wädele.'

La scène se passe à proximité de la cathédrale, dans une des «Wynstuba», dont le nom même évoque la chaude intimité. Le client se sent à son aise dans une ambiance typiquement alsacienne; il savoure une (ou plusieurs) des spécialités qu'on lui propose, boit un verre (ou plusieurs) de Riesling ou de Sylvaner et, pour peu qu'il ait quelque curiosité, il peut suivre, par bribes, la conversation dans ce savoureux dialecte franconien-alémanique où se mêlent de nombreuses expressions françaises, voire franglaises. Par la force des choses les parlers alsaciens deviennent de l'alsafranglais. Mais il importe de retenir le nom alsacien de principales spécialités: il en exprime la très spécifique saveur – *Grumbeeresalad* (salade de pommes de terre), *Wädele* (petit jambonneau), *Bäckeoffe* (potée boulangère) . . . – Manger et boire fait partie de la culture alsacienne au sens le plus large du terme. Des inévitables excès aussi. A l'époque de la Réforme, les prédicateurs – Geiler von Kaysersberg, entre autres – vitupéraient du haut de leur chaire contre la tendance des Alsaciens . . . et des autres à s'empiffrer. L'ordre des Templiers teutons, qui entretenait en Alsace diverses commanderies, avait la fâcheuse réputation de céder à la débauche:

Kleid aus, Kleid an, essen, trinken, schlafen gan
Ist die Arbeit so die deutschen Herren han.

Die Küche des Elsaß

,,Was han er güats hieta, Patron? – I kann dr Grummbeersalad mit 'm Schiffela empfahla; mr han o ,pâté en croûte', Zweewelküche un sogar Gänsalaber – Bringe is a Wädele."

Die Szene spielt in einer heimeligen ,,Wynstuba" in der Nähe des Straßburger Münsters. Der Gast wird umfangen von der Atmosphäre des geselligen Elsaß und fühlt sich wohl; er kostet eine echte Spezialität der Provinz, trinkt ein Glas Riesling oder Sylvaner und genießt die Konversation in der deftigen alemannisch-fränkischen Mundart, mit zahlreichen französischen Einsprengeln.

Das Essen gehört zur Kultur des Elsaß im umfassendsten Sinn des Wortes. Auch zu den unvermeidlichen Exzessen. Im Zeitalter der Reformation wetterten die Prediger – Geiler von Kaysersberg – gegen die Freßlust der Elsässer . . . und der anderen: Der Orden der teutonischen Tempelritter, der im Elsaß verschiedene Kommanderien unterhielt, war ob seines Hangs zur Wollust berüchtigt:

,,Kleid aus, Kleid an, essen, trinken, schlafen gan, Ist die Arbeit so die deutschen Herren han."

Im Jahre 1600 bestätigte der Herzog in Rohan die Bedeutung des Essens in einer Provinz, die er als ,,estat populaire" bezeichnete. ,,Was mir am meisten gefiel in dieser Republik – Straßburg war damals noch eine eigenständige Republik –, das war das gute Essen, das man mir zubereitete." Trotz zeitbedingter Auswüchse gehören Gastronomie und Kochkunst seit alters her zum festen Bestandteil der Kultur des Elsaß.

(Se déshabiller, s'habiller, manger, boire, aller dormir Telle est la tâche qui incombe aux seigneurs allemands.)

En 1600, le duc de Rohan devait confirmer l'importance de l'art culinaire dans une province qu'il appelait «estat populaire»; évoquant la République de Strasbourg – la métropole alsacienne avait ce statut à l'époque – il relève le rôle des joies de la table: «Tout ce que j'en ay le mieux aymé, a esté la bonne chère qu'on m'y a faite». Malgré d'inéluctables abus qui se produisent de temps à autre, l'art culinaire et la gastronomie constituent une forme originale, toujours vivante, des traditions en Alsace. Un des plus anciens livres de cuisine de la province est dû à un abbé: Bernardin Buchinger qui, de 1655 à 1672, a dirigé la prestigieuse abbaye cistercienne de Lucelle, dans le Sundgau, tout près de la frontière suisse.

Voici le titre de son ouvrage très rare, publié en 1671 à Porrentruy: «Koch-Buch so wol für geistliche als auch weltliche Haushaltungen, durch einen geistlichen Küchenmeister des Gotteshauses Lützel». Ses recettes concernent en grande partie la préparation du poisson: à l'époque de la Réforme, lorsque Strasbourg se trouvait «au coeur religieux de l'Europe», la métropole comptait 160 familles de pêcheurs et seulement 50 familles de bouchers.

Zone traditionnelle d'affrontements belliqueux, l'Alsace est aussi prédestinée par sa situation de province frontalière aux échanges internationaux et l'art culinaire exprime tout particulièrement les possibilités concrètes qu'offrent les rapports franco-allemands depuis des siècles. Quiconque évoque la cuisine alsacienne songe peut-être inconsciemment à un plantu-

Eines der ältesten Kochbücher stammt von Bernadin Buchinger, der von 1655 bis 1672 die damals bedeutende zisterzienische Abtei ,,Lützel" (Lucelle) im südlichen Teil des Elsaß leitete: ein Großteil seiner Rezepte ist der Zubereitung von Fischgerichten gewidmet. Noch im Zeitalter der Reformation gab es in Straßburg 160 Fischer- und nur 50 Metzgerfamilien.

reux plat de choucroute. Le chou en général – chou blanc, chou rouge – appartient à la zone d'influence germanique; l'historien Claude Thouvenot, auteur de l'intéressant ouvrage *Le Pain d'autrefois* a établi que la frontière de culture du chou rouge coïncide pratiquement avec la frontière linguistique. Le pâté de foie en croûte, par contre, est incontestablement d'origine française. Elle fut élaborée en un siècle – le dix-huitième – où diplomates et militaires de haut rang se préoccupaient encore de recettes de cuisine. On en connaît même la date de mise au point: 1778. C'est pour répondre au désir du marquis de Contades, gouverneur de Strasbourg à l'époque, qu'elle fut inventée par son cuisinier.

Ainsi, grâce à la cuisine, on peut à la fois manger l'Alsace, ou du moins en reconnaître une de ses expressions les plus originales, et apprécier les effets d'une heureuse interférence entre des influences françaises et germaniques. A votre gré: e *Wädele*, un morceau de *Munsterkäs*, un vigoureux plat de choucroute, un délicat pâté de foie en croûte et une délicieuse tarte aux fruits . . .

Lehn's ech gschmäcke – Ä guater!

Als Grenzland ist das Elsaß ein Gebiet internationaler kultureller Begegnungen. Die Kochkunst widerspiegelt vielleicht besonders eindrucksvoll die konkreten Möglichkeiten deutsch-französischer Beziehungen. Wer von elsässischer Küche spricht, denkt vielleicht zuerst an eine üppige Sauerkraut-Platte. Das Kraut im allgemeinen – Weißkraut, Rotkraut – gehört zum germanischen Einflußgebiet; der Historiker Claude Thouvenot, Autor des reizvollen Buches ,,Le Pain d'autrefois", hat ermittelt, daß im Elsaß Rotkraut-Grenze und Sprachgrenze nahezu gleichlaufen. Die Gänseleberpastete hingegen ist einwandfrei französischen Ursprungs. Sie entstand in einem Zeitalter – der zweiten Hälfte des achtzehnten Jahrhunderts –, als Diplomaten und hohe Militärs sich mit Küchenrezepten beschäftigten. Man kennt sogar das Datum der Herstellung: 1778. Auf Wunsch des Marquis de Contades, des damaligen Statthalters von Straßburg, wurde sie von dessen Koch ausgeklügelt.

Man kann also beim guten Essen zugleich die Eigenart des Elsaß und Beispiele deutsch-französischen friedlichen Zusammenwirkens schätzen lernen. Je nach Lust: a Wädele, a Stick Munsterkäs, eine kräftige Sauerkraut-Platte, eine subtile Gänseleberpastete und eine köstliche ,,tarte aux fruits".

Lehn's ech gschmäcke – Ä guater!

Victor Hell

Professeur à L'Université des Sciences Humaines

Soupes
Suppen

Les recettes sont établies pour 5 ou 6 personnes à moins que l'objet de la préparation ne le permette pas, dans ce cas le nombre de convives est précisé.

Potage aux grenouilles

500 g de cuisses de grenouilles, 1 botte de cresson, 100 g beurre, 4 échalotes, $^{1}/_{4}$ l de Riesling, $^{1}/_{4}$ l bouillon de poisson, 50 g de crème de riz, $^{1}/_{4}$ l crème fraîche, 2 jaunes d'oeufs, sel, poivre, noix de muscade râpée.

Dans une casserole, Faire suer au beurre les échalotes hachées. Y ajouter les cuisses de grenouilles. Laisser cuire sans colorer 2 minutes. Mouiller avec le Riesling et le bouillon. Assaisonner. Laisser cuire 10 minutes.

Sortir les cuisses de grenouilles, les décortiquer et les laisser sur un plat en attente, au chaud.

Faire suer au beurre le cresson finement émincé. Mouiller avec le fonds de cuisson des grenouilles, lier avec la crème de riz préalablement délayée dans un peu de lait froid. Laisser cuire 30 minutes.

Passer le potage au tamis, avant de servir, lier le avec le mélange crème et jaunes d'oeufs. Rectifier l'assaisonnement.

Ajouter les cuisses de grenouilles et verser le potage dans une soupière.

Die Rezepte sind im allgemeinen für 5 oder 6 Personen bestimmt. Wenn die Zutaten und Vorbereitungen den Rahmen überschreiten, ist die Anzahl der Gäste angegeben.

Wunderbar

Froschschenkelsuppe

500 g Froschschenkel, 1 Bündel Kresse, 100 g Butter, 4 Schalotten, $^{1}/_{4}$ l Riesling, $^{1}/_{4}$ l Fischbrühe, 50 g Reispuder (Speisestärke), $^{1}/_{4}$ l Rahm, 2 Eigelb, Salz, Pfeffer, geriebene Muskatnuß.

Die gehackten Schalotten in Butter anschwitzen. Die Froschschenkel dazugeben und zwei Minuten anschmoren. Die Froschschenkel sollen keine Farbe annehmen.

Mit dem Riesling und der Fischbrühe übergießen. Abschmecken. 10 Minuten kochen lassen. Die Froschschenkel herausnehmen, von den Knochen befreien und auf einer Platte warmhalten.

Die feingehackte Kresse in Butter anschwitzen, mit der Froschbrühe übergießen und mit der in etwas kalter Milch aufgelösten Speisestärke (Reispuder) binden. 30 Minuten kochen lassen.

Die Suppe durchpassieren. Vor dem Anrichten vorsichtig mit der Mischung Rahm – Eigelb binden und nachwürzen.

Die warmgehaltenen Froschschenkel in die Suppe geben und in einer Suppenschüssel anrichten.

Soupe à la farine

6 cuillerées à soupe de farine, 1 litre $^{1}/_{2}$ d'eau (ou de bouillon), $^{1}/_{8}$ l crème fraîche, 50 g beurre, sel, poivre.

Dans une casserole en fonte ou à fond épais, mettre la farine à sec. Sur feu doux, faire dorer la farine en remuant et en la détachant du fond de la casserole, mouiller avec l'eau tiède toujours en remuant. Assaisonner. Laisser cuire 15 minutes.
Lier avec la crème. Verser dans la soupière sur des croûtons frits au beurre.

Soupe à la bière

Formidable

1 litre $^{1}/_{2}$ de bière légère, 12 g de sucre-cannelle en poudre, $^{1}/_{8}$ l crème fraîche, 50 g farine, 50 g beurre.

Dans une grande casserole, faire un roux blond avec la farine et le beurre. Mouiller avec la bière. Assaisonner de sel, poivre, sucre, pincée de cannelle. Laisser cuire 25 minutes.
Au dernier moment, lier avec la crème. Verser bouillant dans la soupière sur des tranches de pain grillé.
Autrefois, on remplaçait la farine par du pain, ($^{1}/_{2}$ livre qu'on émiettait dans le beurre et qu'on laissait roussir.)

Mehlsuppe

6 Eßl. Mehl, $1^{1}/_{2}$ l Wasser (oder Brühe), $^{1}/_{8}$ l Rahm, 50 g Butter, Salz, Pfeffer.

Das Mehl in einen schweren Topf geben und bei schwachem Feuer unter ständigem Rühren goldbraun werden lassen. Mit lauwarmem Wasser (oder Brühe) unter weiterem Rühren ablöschen. Würzen. 15 Minuten kochen lassen.
Mit dem Rahm binden. In einer Suppenschüssel über in Butter gerösteten Brotscheibchen anrichten.

Biersuppe

$1^{1}/_{2}$ l Bier (Normalbier), 12 g Zucker, Zimt, $^{1}/_{8}$ l frischer Rahm, 50 g Mehl, 50 g Butter.

In einem großen Topf aus Mehl und Butter eine helle Mehlschwitze bereiten und mit dem Bier ablöschen. Mit Salz, Pfeffer, Zucker, und einer Prise Zimt abschmecken. 25 Minuten ,,köcheln" lassen.
Im letzten Augenblick mit dem Rahm binden. Die kochende Suppe in eine Suppenschüssel über geröstete Brotscheibchen gießen. Früher verwendete man statt des Mehls 250 g Brot, das man zerbröselte und in Butter golden röstete.

Soupe à l'oignon

250 g oignons, 60 g beurre, 25 g farine, 2 l bouillon, sel, poivre du moulin, 300 g de pain.

Emincer les oignons, les faire dorer au beurre dans une casserole.
Saupoudrer de farine, remuer jusquà l'obtention d'un roux blond. Mouiller avec le bouillon et laisser cuire pendant 30 minutes. Ajouter le sel, le poivre.
Faire griller les tranches de pain.
Passer le potage au chinois dans une soupière, (ou laisser les oignons dans la soupe selon goût).
Disposer à la surface les tranches de pain grillées.
On peut parsemer les tranches de pain de gruyère râpé et mettre à gratiner au four.

lecker

Soupe à l'oseille

150 g oseille, 120 g beurre, 80 g farine, 1 litre $^{1}/_{2}$ d'eau ou de bouillon, 3 jaunes d'oeufs, $^{1}/_{4}$ l crème fraîche, sel, poivre.

Enlever les tiges de l'oseille, les laver, les hacher grossièrement.
Dans une casserole, mettre 40 g de beurre, faire suer l'oseille afin que le liquide s'évapore.

Zwiebelsuppe

250 g Zwiebeln, 60 g Butter, 25 g Mehl, 2 l Brühe, Salz, mit der Pfeffermühle gemahlener Pfeffer, 300 g Brot.

Die Zwiebeln hacken und in einem Topf in Butter goldfarben anschwitzen. Mit Mehl bestäuben, gut mit den Zwiebeln vermischen. Weiterrühren, bis auch das Mehl eine goldene Farbe angenommen hat.
Mit der Brühe ablöschen und 30 Minuten kochen lassen. Mit Salz und Pfeffer abschmecken.
Das in Scheiben geschnittene Weißbrot anrösten.
Je nach Geschmack die Suppe durchpassieren oder mit den gehackten Zwiebeln in eine möglichst feuerfeste Suppenschüssel geben.
Die gerösteten Brotscheiben auf der Suppe anrichten.
Man kann diese Brotscheiben mit geriebenem Käse überstreuen und sie in heißem Ofen überkrusten (gratinieren).

Sauerampfersuppe

150 g Sauerampfer, 120 g Butter, 80 g Mehl, 1$^{1}/_{2}$ l Wasser oder Brühe, 3 Eigelb, $^{1}/_{4}$ l Rahm, Salz, Pfeffer.

Die Stiele vom Sauerampfer entfernen, ihn waschen und grob hacken.
40 g Butter in einen Topf geben, darin den Sauerampfer anschwitzen und die sich bildende Flüssigkeit verdampfen lassen.

Préparer le roux blanc avec 80 g de farine et 80 g de beurre. Ajouter le bouillon ou l'eau. Assaisonner. Laisser cuire 20 minutes. Ajouter l'oseille.
Faire une liaison avec les jaunes d'oeufs et la crème.

Aus 80 g Butter und 80 g Mehl eine weiße Mehlschwitze bereiten und mit dem Wasser oder der Brühe ablöschen. Würzen. Zwanzig Minuten köcheln lassen und dann erst den Sauerampfer dazugeben.
Das Ganze mit einer Mischung aus Rahm und Eigelb binden.

Soupe au pain ou panade

250 g pain rassis, 80 g beurre, 2 l d'eau, 1 pointe de muscade, sel, 1/10 l crème fraîche, 3 jaunes d'oeufs.

Faire griller les tranches de pain dans le beurre (50 g). Mouiller avec l'eau. Saler et laisser mijoter doucement à couvert.
Dès que le pain est cuit (1 h environ), que le bouillon est coloré, saler et ajouter la muscade, puis le restant du beurre frais.
Mélanger oeufs et crème dans un bol. Lier le potage avec ce mélange en remuant doucement avec une cuillère de bois.

Brotsuppe

250 g trockenes Brot, 80 g Butter, 2 l Wasser, 1 Prise Muskat, Salz, 1/10 l Rahm, 3 Eigelb.

Die Brotscheiben in 50 g Butter rösten. Mit Wasser oder Brühe übergießen. Salzen und zugedeckt leise köcheln lassen.
Sobald das Brot weich ist (ungefähr 1 Stunde) und die Brühe Farbe bekommen hat, nachsalzen und den geriebenen Muskat hinzufügen. Die restliche Butter dazugeben.
Eier und Rahm in einem Schüsselchen vermischen und vorsichtig unter ständigem Umrühren mit einem Holzlöffel in die Suppe geben.

Soupe aux «Riwele»

125 g farine, 2 oeufs, 2 litres de bouillon de boeuf, sel, poivre, noix de muscade.

Dans une terrine, mettre la farine, les oeufs, le sel, le

„Riwelesupp"

125 g Mehl, 2 Eier, 2 l Rindsbouillon, Salz, Pfeffer, Muskatnuß.

Das Mehl, die Eier, das Salz, den Pfeffer und etwas

poivre, un peu de muscade râpée. Mélanger. Frotter la pâte entre les paumes des mains de façon à obtenir de petits batonnets de pâte.
Faire chauffer le bouillon. Pocher ces «Riwele» dans le bouillon environ 10 minutes. Servir très chaud.
On peut lier cette soupe avec des jaunes d'oeufs.

geriebene Muskatnuß in eine Schüssel geben. Vermengen. Den Teig zwischen den Handflächen reiben, bis kleine Teigknäuel oder Teigwürstchen entstehen.
Die Brühe erhitzen. Die ,,Riwele" ungefähr 10 Minuten in der Brühe ziehen lassen. Sehr heiß auftragen.
Man kann diese Suppe auch mit einigen Eigelb binden.

Bouillon de boeuf aux quenelles à la moelle

Bouillon: 1 kg 500 viande de boeuf (gîte à la noix, poitrine, pointe de culotte ou plat de côtes), 200 g d'os, 3 litres d'eau, 3 carottes, 1 navet, 1 poireau, 1 oignon piqué de 2 clous de girofle, 2 grains de poivre, une feuille de laurier, un brin de céléri, un petit bouquet de cerfeuil, le tout réunit et ficelé, $^1/_2$ petit chou vert frisé.

Dans une grande marmite, mettre la viande, les os, l'eau et le sel. Laisser bouillir à petit feu, couvert, environ $^3/_4$ d'heure, ajouter les légumes, les aromates. Continuer la cuisson pendant 3 heures. Sortir avec précaution les viandes de la marmite, puis les légumes. Passer le bouillon.

Quenelles à la moelle: 4 jaunes d'oeufs, 250 g veau, 200 g porc maigre, 200 g de moelle, sel, poivre, muscade hâchée.

Bien hâcher et mélanger le tout. Ajouter 4 jaunes d'oeufs. Travailler le mélange. Former de petites boulettes et les faire pocher 10 minutes dans le bouillon. Servir les quenelles dans le bouillon brûlant.
On peut malaxer la moelle avec de la farine, de la chapelure à défaut de viande.

Variante: malaxer en écrasant finement avec une fourchette la moelle, l'oeuf, du persil haché, du sel, du poivre, un peu de noix de muscade, un peu de farine. Former de petites boulettes à pocher.

Markklößchensuppe – „Fleischsuppa mit Marikknepfle“

Fleischbrühe: 1½ Kilo Rindfleisch (Hinterviertel, Brust oder Flachrippe), 200 g Knochen, 3 l Wasser, 3 Karotten, 1 Rübchen, 1 mit 2 Nelken gespickte Zwiebel, 2 Pfefferkörner, 1 Stengel Selleriekraut, 1 kleines Bündel Kerbelkraut, 1 Lorbeerblatt (die letzteren Zutaten zusammengeschnürt), ½ Staude Grünkohl.

Das Fleisch, die Knochen, das Wasser und das Salz in einen großen Kochtopf geben. Aufkochen lassen und auf kleinem Feuer ungefähr ¾ Stunden zugedeckt köcheln lassen. Die Gemüse und Würzkräuter dazugeben und drei weitere Stunden leise ziehen lassen. Vorsichtig zuerst das Fleisch, dann das Gemüse aus der Brühe nehmen. Die Fleischbrühe durchpassieren.

Markklößchen: 4 Eigelb, 250 g Kalbfleisch, 200 g mageres Schweinefleisch, 200 g Mark, Salz, Pfeffer, grob gemahlene Muskatnuß.

Alles gut hacken und gründlich vermengen, die vier Eigelb dazugeben. Gründlich verarbeiten. Kleine Klößchen formen und 10 Minuten in der leise kochenden Brühe ziehen lassen. Sehr heiß auftragen. Man kann das Mark auch anstelle des Fleischs mit Mehl und Paniermehl verarbeiten.

Abwandlung: Mit einer Gabel das Mark mit einem Ei, gehackter Petersilie, Salz, Pfeffer, etwas geriebener

En Alsace le bouillon ou pot-au-feu figurait dans le menu du dimanche. On servait le bouillon puis la viande entourée des légumes et accompagnée de différentes salades (concombre, céléri crû râpé – carottes râpées – betteraves rouges – choux) Les jours de grande fête, on servait ensuite le civet de lapin ou de lièvre aux nouilles.

Soupe aux pois cassés

500 g de pois cassés, 2 à 3 litres d'eau, 3 branches de persil, 1 oignon piqué d'un clou de girofle, 1 feuille de laurier, thym, 2 carottes, 3 branches de céleri, 1 gousse d'ail, sel, poivre, 150 g de lard fumé.

Dans la casserole, mettre les pois et couvrir d'eau. Amener à ébullition et ajouter le thym, le laurier, le céléri, le persil liés ensemble.
Ajouter la carotte coupée en rondelles, l'ail, puis le sel et le poivre.
Laisser mijoter pendant 1 heure ½ à 2 heures.
Passer au moulin à légumes. Faire réchauffer la soupe.
Faire revenir dans une casserole le lard coupé en lardons et les croûtons de pain dans un peu de beurre.

Muskatnuß und ein bißchen Mehl gründlich verarbeiten. Kleine Klößchen formen und in der Brühe garen lassen.

Anmerkung: Im Elsaß war die „Fleischsuppe" ein unwandelbarer Bestandteil des Sonntagsessens. Zuerst trug man die Brühe auf, dann folgte das von den Gemüsen umlegte Fleisch mit verschiedenen Salaten (Gurken, roh geraspelter Sellerie, roh geraspelte Karotten, rote Rüben, rohes Kraut). An hohen Festtagen kam dann anschließend noch der Hasenpfeffer mit hausgemachten Nudeln.

Erbsensuppe

Einfache Küche

500 g verlesene Erbsen, 2–3 l Wasser, 3 Stengel Petersilie, eine mit 1 Nelke gespickte Zwiebel, 1 Lorbeerblatt, Thymian, 2 Karotten, 2 Stengel Selleriekraut, 1 Knoblauchzehe, Salz, Pfeffer. 150 g geräucherter Speck, Salz, Pfeffer.

Die Erbsen in einen Kochtopf geben und mit Wasser aufgießen. Zum Kochen bringen und die zu einem Bündel zusammengeschnürten Würzkräuter (Thymian, Petersilie, Lorbeerblatt, Selleriekraut) dazugeben. Danach die in Scheiben geschnittene Karotte, den Knoblauch und dann Salz und Pfeffer hinzufügen.
1½–2 Stunden langsam kochen lassen. Durch ein Sieb oder eine Passiermaschine treiben. Die Suppe wieder heiß machen.

Verser le potage dans une soupière, ajouter les lardons et les croûtons.

Autrefois, l'hiver dans les villages catholiques d'Alsace, on servait la soupe aux pois surtout le vendredi, on supprimait alors les lardons.

Soupe aux cerises

1 kg de cerises, 60 g beurre, 1 cuillerée à soupe de farine, $^1/_2$ l d'eau, $^1/_2$ l de vin rouge, sel, poivre, sucre, pain de campagne, 1 zeste de citron.

Equeuter, dénoyauter les cerises.
Dans une grande casserole, mettre le beurre et la farine jusqu'à l'obtention d'un roux blond.
Mouiller avec l'eau et le vin. Ajouter les cerises et le zeste de citron. Laisser mijoter jusquà ce que les cerises soient bien cuites.
Assaisonner d'un peu de sel, de poivre, d'une pincée de sucre.
Servir après avoir ajouter des croûtons de pains frits au beurre.

Jadis, il était d'usage, dans certains villages d'Alsace, de servir le 24 décembre au soir, cette soupe aux cerises.

In einem Topf den kleingeschnittenen Speck und die Brotscheiben in etwas Butter anbraten. Die Suppe in eine Suppenschüssel gießen und mit den Speckwürfeln und knusprigen Brotstückchen bestreuen.

Anmerkung: Früher gab es diese Erbsensuppe in den katholischen Familien als winterliches Freitagsessen. Natürlich gab es dann keinen Speck.

Kirschensuppe

1000 g Kirschen, 60 g Butter, 1 Eßl. Mehl $^1/_2$ l Wasser, $^1/_2$ l Rotwein, abgeriebene Zitronenschale, Salz, Pfeffer, Zucker.

Kirschenstiele entfernen, Kirschen entsteinen. In einem großen Topf aus Butter und Mehl eine blonde Mehlschwitze bereiten. Mit Wasser und Wein ablöschen. Die Kirschen und die abgeriebene Zitronenschale dazugeben. Langsam kochen lassen, bis die Kirschen weich sind.
Mit etwas Salz, Pfeffer und einer Prise Zucker abschmecken. Mit in Butter gerösteten Brotscheibchen (Croutons) auftragen.

Anmerkung: Früher wurde diese Suppe in manchen elsässischen Dörfern am Heiligen Abend auf den Tisch gebracht.

Macht Spaß

Salades et entrées froides
Kalte Vorspeisen und Salate

Salade de pissenlits au lard

750 g Pissenlits des champs, 300 g lard fumé maigre, 1 cuillerée à soupe d'huile, 1 cuillerée à soupe de vinaigre de vin, 1 cuillerée à café de moutarde, sel, poivre.

Dans un saladier, préparer la sauce vinaigrette en mélangeant moutarde, vinaigre, sel, poivre et huile.
Y mettre les pissenlits soigneusement lavés et égouttés.
Couper le lard en petits lardons. Les faire frire à la poêle sèche. Lorsqu'ils sont bien dorés, les jeter sur la salade avec le gras restant au fond de la poêle. Remuer et servir de suite.

Pendant la préparation de cette salade, tenir le saladier au chaud.

Löwenzahnsalat

750 g Löwenzahn (selbstgesammelt oder gekauft), 300 g magerer Räucherspeck, 1 Eßl. Öl, 1 Eßl. Weinessig, 1 Teel. Senf, Salz, Pfeffer.

In einer Salatschüssel aus Senf, Essig, Salz, Pfeffer und Öl eine Salatsoße anrühren. Die sorgfältig verlesenen und gewaschenen Löwenzahnblätter dazugeben.
Den Speck in kleine Würfel schneiden und in einer Pfanne ohne Fettzugabe anbraten.
Sind die Speckwürfel schön knusprig, werden sie mitsamt dem ausgelassenen Fett über den Salat gegeben. Sofort mischen und auftragen.

Bemerkung: Die Salatschüssel muß warmgestellt werden.

Salade de cervelas

6 cervelas, 3 cuillerées à soupe de vinaigre, 6 cuillerées à soupe d'huile, sel, poivre, 2 oignons, une pincée de persil.

Oter la pellicule qui recouvre le cervelas. Le fendre en deux dans la longueur. L'entailler profondément sur la partie bombée en diagonale.
Préparer la sauce vinaigrette et la verser sur les cervelas. Parsemer d'oignons hachés finement.
On peut garnir d'oeufs durs et de quelques feuilles de salade.

Zervelatwurstsalat

6 Zervelatwürstchen, 3 Eßl. Essig, 6 Eßl. Öl, Salz, Pfeffer, 2 Zwiebeln, gehackte Petersilie.

Die Wursthaut entfernen. Die Würstchen der Länge nach zerteilen und auf der gewölbten Seite tief in der Diagonalen einkerben.
Die Salatsoße mit den angegebenen Zutaten bereiten und über die Zervelatstücke geben. Mit feingehackten Zwiebeln bestreuen.
Man kann mit hartgekochten Eiern und einigen frischen Salatblättern garnieren.

C'est pas mal !

Salade de gruyère

500 à 600 g de gruyère, 3 cuillerées à soupe de vinaigre, 7 cuillerées à soupe d'huile, 2 oignons, moutarde (facultatif), sel, poivre.

Couper le gruyère en petites lamelles (ou le râper grossièrement).
Préparer la vinaigrette, avec ou sans moutarde selon le goût, ajouter les oignons hâchés fins.
Mélanger avec le gruyère. Servir frais.
On sert très souvent la salade de cervelas avec la salade de gruyère. On peut recouvrir les cervelas de la salade de gruyère, on l'appelle alors salade mixte.

Salade de radis

500 g de gros radis rouges, blancs ou noirs, sel, poivre, ¹/₄ crème fraîche, 3 cuillerées de vinaigre de vin.

Râper les radis. Mélanger la crème, le vinaigre, le sel et le poivre. Verser sur les radis. Mélanger. Servir frais.

Schweizer Käsesalat

500–600 g Schweizer Käse, 3 Eßl. Essig, 7 Eßl. Öl, 2 Zwiebeln, Senf (je nach Geschmack),Salz, Pfeffer.

Den Schweizer Käse in feine Scheibchen schneiden oder grob raspeln. Die Soße zubereiten (mit oder ohne Senf), die fein gehackten Zwiebeln dazufügen.
Den Schweizer Käse untermischen.
Kühl auftragen.
Der Zervelatwurstsalat wird sehr oft zusammen mit dem Schweizer Käsesalat auf den Tisch gebracht. Man kann auch die Zervelatscheiben mit dem Käsesalat bedecken. Man nennt das im Elsaß einen „gemischten Salat".

Rettichsalat

500 g dicke rote, weiße oder schwarze Rettiche, Salz, Pfeffer, ¹/₄ l sauren Rahm, 3 Eßl. Weinessig.

Die Rettiche raspeln. Rahm, Essig, Salz und Pfeffer verrühren, über die Rettiche geben und gut mischen. Der Rettichsalat wird kühl zu Tisch gegeben.

Salade de pommes de terre

1 kg de pommes de terre bien fermes, 1 oignon, 2 cuillerées de vinaigre de vin, 6 cuillerées d'huile, 2 cuillerées de vin blanc, 1 cuillerée à café de moutarde persil, ciboulette.

Cuire les pommes de terre avec leur peau. Les éplucher, les couper en rondelles.
Préparer la sauce vinaigrette avec la moutarde, le vinaigre, le vin, le sel, le poivre et l'huile.
Verser sur les pommes de terre chaudes. Ajouter l'oignon hâché et les herbes fraîchement hâchées. Servir de suite.

Salade de betteraves rouges

6 à 7 betteraves rouges cuites au four, 3 cuillerées à soupe de vinaigre de vin, 6 cuillerées à soupe d'huile, 1 cuillerée à café de moutarde, sel, poivre, 1 gousse d'ail.

Peler les betteraves cuites, les couper en fines rondelles ou en petits cubes. Préparer dans le saladier la vinaigrette en mélangeant bien la moutarde, le vinaigre, le sel, le poivre, l'huile. Ajouter l'ail hâché fin.
Verser les betteraves. Mélanger bien. Garnir de rondelles d'oignons.

Kartoffelsalat

1000 g feste Kartoffeln, 1 Zwiebel, 2 Eßl. Weinessig, 6 Eßl. Öl, 2 Eßl. Weißwein, 1 Teel. Senf, Salz, Pfeffer, gehackte Petersilie und Schnittlauch.

Die Kartoffeln kochen, schälen und in Scheiben schneiden. Die Salatsoße mit dem Essig, dem Wein, dem Salz, dem Pfeffer, dem Senf und dem Öl zubereiten und über die gut heißen Kartoffeln geben. Die gehackte Zwiebel und die gehackten Kräuter dazufügen und sofort auftragen.

Gefällt allen

Rote-Rüben-Salat

6–7 im Ofen weichgedünstete Rote Rüben, 3 Eßl. Weinessig, 6 Eßl. Öl, 1 Teel. Senf, Salz, Pfeffer, 1 Knoblauchzehe.

Die gekochten Roten Rüben schälen und in feine Scheibchen oder kleine Würfelchen schneiden.
In der Salatschüssel aus Senf, Essig, Salz, Pfeffer, Öl die Salatsoße anrühren. Den feingehackten Knoblauch untermischen.
Die Roten Rüben in die Soße geben und gut mischen. Mit Zwiebelringen garnieren.

Salade de choucroute

700 g de choucroute crue, 1/2 jus de citron, 1/2 cuillerée à café de cumin, 1 cuillerée à café de moutarde, 4 cuillerée à soupe d'huile, poivre du moulin sel, un peu de noix de muscade.

Laver la choucroute à l'eau froide. L'essorer en la pressant fortement dans les mains.
Préparer la vinaigrette avec le citron, le sel, le poivre, l'huile, la muscade, le cumin. Mélanger avec la choucroute.
Servir dans un saladier. On peut garnir de tomates, de cornichons ou de petits oignons au vinaigre.

Sauerkrautsalat

700 g rohes Sauerkraut, 1/2 Zitrone (für Saft), 1/2 Teel. Kümmel, 1 Teel. Senf.
4 Eßl. Öl, Pfeffer aus der Pfeffermühle, Salz, etwas geriebene Muskatnuß.

Das Sauerkraut in kaltem Wasser waschen. Das überschüssige Wasser sorgfältig mit den Händen herauspressen. Das Sauerkraut wieder auflockern.
Mit dem Zitronensaft, dem Salz, dem Pfeffer, dem Öl, dem geriebenen Muskat und dem Kümmel eine Salatsoße anrühren. Mit dem Sauerkraut vermischen.
In einer Salatschüssel anrichten. Man kann mit Tomaten, Gürkchen oder kleinen, eingelegten Zwiebelchen garnieren.

Tête de porc en gelee «Presskopf»

1 tête de porc, sel, poivre, 4 gousses d'ail, 3 carottes, 1 céléri, 2 poireaux, poivre en grains, 1 branche de thym, 2 feuilles de laurier, 2 clous de girofle, persil, 2 baies de genièvre, 1 oignon, 1 verre de Riesling.

Faire couper la tête en deux dans le sens de la longueur, par le boucher. La laver, la frotter avec du sel, du poivre et des épices. Laisser un ou deux jours au frais.
Prendre une grande marmite, poser la tête après

Preßkopf – Gesülzter Schweinskopf

1 Schweinskopf, Salz, Pfeffer, 4 Knoblauchzehen, 3 Karotten, 1 Sellerieknolle, 2 Lauchstangen, Pfefferkörner, 1 Stengel Thymian, 2 Lorbeerblätter, 2 Nelken, Petersilie, 2 Wacholderbeeren, 1 Zwiebel, 1 Glas Riesling.

Vom Metzger den Schweinskopf der Länge nach durchhauen lassen. Waschen, mit Salz, Pfeffer und den Gewürzen gut einreiben. 1–2 Tage im Kühlen ruhen lassen.

l'avoir lavée; recouvrir d'eau. Ajouter les carottes, un morceau de céléri, les poireaux, les clous de girofle, le thym, le laurier, le persil, le genièvre, l'oignon, les gousses d'ail.
Cuire à feu doux jusqu'à ce que la viande soit cuite.
La retirer du bouillon de cuisson. La désosser, la couper en petits dès. Ecumer et dégraisser le bouillon, le passer et le verser dans une casserole. Ajouter les dès de viande. Laisser mijoter 2 minutes.
Vérifier l'assaisonnement. Ajouter le Riesling.
Répartir l'ensemble dans des terrines ou des bols. Laisser refroidir et démouler lorsque la gelée est bien prise.
Servir avec une sauce vinaigrette parfumée aux fines herbes.

Recette de grand'mère

Terrine de foie gras

1 foie gras d'oie de 600 g, sel (10 g), 1 dl de porto, 5 cl d'armagnac ou de cognac, 2 fines bardes de lard, 3 ou 4 truffes épluchées (facultatif).

Dénerver le foie. Oter les veines principales et les traces vertes laissées par le fiel. Ouvrir le foie en plusieurs morceaux (10 environ).
Mettre le foie dans un récipient. Saupoudrer de sel fin. Ajouter le porto et l'armagnac (ou cognac). Laisser macérer au frais environ 24 heures.

Nach dieser Ruhezeit den Kopf erneut waschen, in einen großen Topf geben und mit Wasser bedekken.
Die Karotten, ein Stück Sellerieknolle, den Lauch, die Nelken, den Thymian, den Lorbeer, die Petersilie, die Wacholderbeeren, die Zwiebel und die Knoblauchzehen dazufügen.
Auf kleinem Feuer den Schweinskopf weichkochen.
Aus der Kochbrühe nehmen, das Fleisch von den Knochen lösen und in kleine Würfel schneiden.
Die Brühe abschäumen und entfetten, durchseihen und in einen Topf schütten. Die Fleischwürfel hineingeben. Zwei Minuten ,,köcheln" lassen. Nachwürzen. Den Riesling hinzufügen.
Das Ganze in kleine Förmchen oder Schüsselchen geben, erkalten lassen und stürzen, sobald der Aspik fest ist.
Mit einer Kräutersalatsoße zu Tisch bringen.

Gänseleberterrine

1 große Gänseleber (Mastleber) von 600 Gramm, 10 g Salz, 1 dl Portwein, 5 cl Armagnac oder Kognak, 2 feine rohe Speckstreifen, je nach Belieben 3 oder 4 Trüffeln.

Die Leber von Sehnen und den größten Adern befreien; auf eventuelle grüne, von Galle verursachte Stellen achten und entfernen. Die Leber in ungefähr 10 Stücke zerteilen.
Die Leberstücke in ein Gefäß verteilen, mit feinem

Prendre une terrine, chemiser l'intérieur d'une barde de lard, y placer le foie en tassant bien pour qu'il n'y est pas d'air entre les morceaux.
Faire des trous dans le foie pour y loger les truffes coupées en quatre.
Recouvrir d'une barde de lard et placer le couvercle sur la terrine.
Mettre à cuire au bain marie à four doux, environ 40 minutes.
Laisser refroidir dans la cuisine, puis mettre au frais (réfrigérateur) jusqu'au moment de servir.

Foie gras en brioche

Pâte à brioche: 500 g farine, 250 g beurre, 4 oeufs, 10 g levure du bière, 5 g de sel, 10 g sucre, 10 cl de lait.
Foie gras: 1 beau foie gras de 500 g environ, 15 g de sel épicé, 1 verre de fine champagne, 1 verre de madère, 100 g truffes pelées.

Pâte à brioche: Préparer le levain. Mettre le quart de la farine dans une terrine. Faire un trou au milieu, y mettre la levure préalablement délayée dans un peu de lait tiède. Faire une pâte un peu molle. Mélanger.
Rouler cette pâte en boule et la remettre dans la terrine. Couvrir et tenir au chaud pour laisser lever la pâte qui doit doubler de volume.
Etaler le reste de farine en couronne, déposer les oeufs au milieu, le lait (2 cuilleres à soupe). Mélanger, tra-

Salz überpudern. Den Portwein und den Armagnac (oder Kognak) dazufügen. An einem kühlen Ort ungefähr 24 Stunden marinieren.
Eine Terrine mit einer der beiden Speckstreifen auslegen, die Leberstücke daraufgeben. Man muß darauf achten, daß die Stücke dicht an dicht liegen und keine Lufträume dazwischen sind.
Löcher in die Leberstücke machen und die in vier Stücke geschnittenen Trüffel darin unterbringen.
Mit den übrigen Speckstreifen abdecken und den Terrinendeckel auflegen. Im Wasserbad bei leichter Hitze ungefähr 40 Minuten im Backofen garen. In der Küche abkühlen lassen und dann bis zum Servieren kaltstellen (z. B. im Kühlschrank).

„Foie Gras" in Briocheteig

Briocheteig: 500 g Mehl, 250 g Butter, 4 Eier, 10 g Bierhefe, 5 g Salz, 10 g Zucker, 10 cl Milch.
Foie Gras: 1 schöne Mastgänseleber von ungefähr 500 g, 15 g Würzsalz, 1 Glas Madeira, 100 g geschälte Trüffeln, 1 Glas Kognak (Fine Champagne).

Briocheteig: Zur Zubereitung des Vorteigs ein Viertel des Mehls in eine Schüssel geben und eine Vertiefung in die Mitte des Mehlhäufchens machen. Die vorher in etwas lauwarmer Milch aufgelöste Hefe hineingeben. Mischen und zu einem nicht zu festen Teig verarbeiten.
Den Teig zu einer Art Ball zusammenrollen, zudekken und warm stellen. Der Teig muß gehen und sich verdoppeln.

On en mangerai tout le temps.

vailler vigoureusement. Ajouter le sel, le sucre dissous dans un peu d'eau.
Incorporer le beurre ramolli. Bien travailler la pâte. Mettre le levain, bien mélanger.
Mettre la pâte dans une terrine. Laisser reposer dans un endroit tiède 2 à 3 heures.
Rompre la pâte en la soulevant plusieurs fois. La plier 2 fois sur elle-même, l'étaler au rouleau. Foncer un moule à pâte.

Préparation du foie gras: Nettoyer, dénerver, ôter toutes traces vertes de fiel du foie. Le faire macérer avec des épices, du sel, un verre de fine champagne et le madère, laisser mariner 24 heures.
Retirer le foie de la marinade, l'essuyer; le faire raidir au four, un court instant afin de lui enlever le surplus de graisse. Le laisser refroidir.
Remplir le moule avec le foie gras, tasser. Mettre au milieu, les truffes. Refermer en rabattant la pâte sur le dessus.
Laisser lever la pâte ½ heure environ.
Dorer au jaune d'oeuf.
Cuire au four 40 minutes.
Quand la brioche est refroidie, couler à l'intérieur une gelée de volaille au porto.
Couper en tranches pour servir.

Chaque ménagère alsacienne, chaque cuisinier à son secret pour épicer le foie gras. En voici un: écraser un clou de girofle, émietter une feuille de laurier, mélanger au sel et au poivre, frotter délicatement le foie gras avec cette préparation avant de mettre le foie à macérer.

Das übrige Mehl kreisförmig auf ein Backbrett sieben, Eier und Milch (2 Eßl.) in die Mitte geben. Mischen und tüchtig verarbeiten. Das Salz und den in etwas Wasser aufgelösten Zucker daruntermischen. Die weiche Butter dazugeben und wieder tüchtig durcharbeiten. Jetzt kommt der Vorteig dazu und das Ganze wird gründlich untergemischt.
Den Teig in eine Schüssel legen und an einem lauwarmen Ort 2–3 Stunden ruhen lassen.
Den Teig aufreißen, vom Boden der Teigschüssel lösen und mit dem Wellholz auswellen. Eine Pastetenform damit belegen.
Zubereitung des Foie Gras: Die Gänseleber gut reinigen und von Sehnen befreien. Eventuelle grüne Stellen, die von der Galle stammen, müssen entfernt werden. In einem Glas Kognak, dem Madeira, den Gewürzen und dem Salz 24 Stunden marinieren.
Die Leber aus der Marinade nehmen, abtrocknen und im Ofen in ganz kurzer Zeit steif werden lassen, um sie von dem überflüssigen Fett zu befreien. Abkühlen lassen.

Die Form mit der Gänseleber auslegen. Gut eindrükken. Die Trüffeln in die Mitte geben. Den überhängenden Teig wie einen Deckel zusammenfalten.
Den Teig ungefähr eine halbe Stunde gehen lassen. Mit Eigelb bestreichen und bei leichter Hitze 40 Minuten backen.
Wenn die Brioche abgekühlt ist, füllt man in das Innere ein mit Portwein gewürztes Hühneraspik.
In Scheiben schneiden und zu Tisch bringen.

Anmerkung: Jede elsässische Hausfrau und jede Köchin hat ihr eigenes Geheimrezept, um die Gänsele-

Terrine d'anguilles

1 kg d'anguilles, 50 g beurre, 3 échalotes.
marinade: 1 bouteille de Riesling, 1 branche de thym, 1 feuille de laurier, persil, 1 carotte, 1 oignon, 1 pincée de noix de muscade, 1 pincée de coriandre, sel, poivre.
farce: 250 g de chair de poisson (brochet de préférence ou colin ou à défaut un autre poisson maigre), 3 oeufs, 250 g de crème fraîche, sel, poivre.

Lever les filets d'anguilles (le poissonnier peut les préparer).
Préparer la marinade: Dans une casserole, verser le vin, ajouter les épices, la carotte coupée en rondelles, l'oignon haché, le sel, le poivre.
Faire bouillir 1 ou 2 minutes.
Verser cette marinade chaude sur les anguilles. Mettre au frais pendant 2 jours.
Préparer la farce: Piler la chair du poisson débarassée de ses arêtes ou l'écraser au mixer, y ajouter les oeufs, la crème battue. Fouetter bien le tout, assaisonner.
Prendre une terrine, beurrer l'intérieur, tapisser le fond d'une couche de farce.

berpastete zu würzen. Wir verraten Ihnen eines dieser sorgfältig gehüteten Rezepte: 1 Gewürznelke zerquetschen, 1 Lorbeerblatt zerbröseln, mit Salz und Pfeffer vermischen und mit dieser Mischung sorgfältig die Mastgansleber einreiben, bevor man sie in die Marinade legt.

Aalpastete

1000 g Aal, 50 g Butter, 3 Schalotten.

Marinade: 1 Flasche Riesling, 1 Zweig Thymian, 1 Lorbeerblatt, Petersilie, 1 Karotte, 1 Zwiebel, 1 Prise Muskatnuß, 1 Prise Koriander, Salz, Pfeffer.
Fülle: 250 g Fischfleisch (Hecht, oder ein anderer magerer Fisch), 3 Eier, 250 g frischer Rahm, Salz, Pfeffer.

Die Fischfilets von den Gräten lösen (man kann den Fischhändler darum bitten).
Die Marinade zubereiten: Den Wein in einen Topf geben, die Gewürze, die in Scheibchen geschnittene Karotte, die gehackte Zwiebel, das Salz, den Pfeffer dazufügen. Zum Kochen bringen und 1–2 Minuten aufwallen lassen. Die heiße Marinade über die Aalfilets gießen. Zwei Tage kühlstellen.
Die Fülle vorbereiten: Das von den Gräten befreite Fischfleisch zerstampfen oder im Mixer zerkleinern, die Eier und den geschlagenen Rahm dazugeben. Das Ganze gut mit dem Schneebesen durcharbeiten und würzen. Eine Terrine ausbuttern und den Boden mit einer Schicht Fülle bedecken.

Sortir les filets de la marinade et les égoutter soigneusement. Mettre du beurre dans une poêle, lorsqu'il est très chaud, y mettre les filets et les échalotes écrasées. Dès qu'ils ont raidi, les égoutter et les poser dans la terrine, les recouvrir du restant de la farce.
Fermer la terrine, mettre dans un bain-marie et cuire 45 minutes au four. Sortir du four, laisser refroidir et napper avec une gelée parsemée de fines herbes.

Pâté de foie de porc

excellent

400 g foie de porc, 150 g lard de poitrine, 1 oignon, 2 échalotes, sel, poivre, noix de muscade, 1 petit bouquet persil, 250 g champignons, 1 crépine de porc.

Hacher fin, séparément le foie et le lard.
Hacher ensuite l'oignon, les échalotes, le persil, les champignons.

Mélanger les 2 hachis soigneusement. Assaisonner avec le sel, le poivre, un peu de noix de muscade râpé.

Dans le fond d'une terrine, disposer la crépine. Y verser le mélange. Faire cuire à four chaud 45 minutes environ.
Servir froid.

Les pâtés de campagne, froids ou chauds (bürapastet) sont très nombreux en Alsace.

Die Aalfilets aus der Marinade nehmen und sorgfältig abtropfen lassen.
Butter in eine Pfanne geben. Wenn die Butter gut heiß ist, die Filets und die zerquetschten Schalotten hineingeben. Sind sie fest geworden, werden sie abgetropft, in die Terrine gegeben und mit dem Rest der Fischfülle bedeckt.
Die Terrine zudecken und im Wasserbad 45 Minuten im mittelheißen Ofen garen.
Aus dem Ofen nehmen, abkühlen lassen und mit einem mit frischen Kräutern bestreuten Aspik übergießen.

Pastete aus Schweineleber

400 g Schweineleber, 150 g Bruststpeck, 1 Zwiebel, 2 Schalotten, Salz, Pfeffer, Muskatnuß, Petersilie (1 kleines Bündel), 250 g Champignons, 1 „Schweinenetz".

Leber und Speck getrennt fein hacken.
Dann die Zwiebel, die Schalotten, die Petersilie und die Champignons hacken.
Alles gut vermischen. Mit Salz, Pfeffer und etwas geriebener Muskatnuß abschmecken.
Das Schweinenetz auf den Boden einer Terrine (irdene Pastetenform) legen und die Lebermischung darüberstreichen. In heißem Ofen 45 Minuten backen.
Kalt servieren.

Anmerkung: Diese ländlichen, heiß oder kalt servierten Pasteten („Bürapastet") gibt es in vielen Abwandlungen im Elsaß.

Ballotine de lapin

1 lapin de 2 kg, 800 g de chair à saucisse (ou viande de porc hachée), 50 g de bardes de lard, 50 g truffes, un verre de cognac, $^1/_4$ l de vin blanc d'Alsace, 1 couenne de porc, de la gelée (facultatif), sel, poivre.

Désosser le lapin. Garder quelques beaux morceaux entiers. Passer le reste à la moulinette.
Mélanger ce hachis avec la chair à saucisse, les truffes hachées, les bardes de lard coupées en petits dès. Ajouter le cognac, le vin, le sel et le poivre. Incorporer les morceaux de lapin.
Former avec les mains un gros saucisson. L'entourer de couenne de porc et le ficeler.
Envelopper la ballotine d'un torchon de lin, bien serré, la faire cuire dans l'eau tiède. Cuire à petits bouillons pendant 1 heure.
Après cuisson, retirer le linge, mettre la ballottine dans le réfrigératueur.

Garnir avec la gelée.

Hasenballottine

1 Stallhase von 2000 g, 800 g Bratwurstfülle (oder gehacktes Schweinefleisch), 50 g roher Speck, 50 g Trüffeln, 1 Glas Kognak, $^1/_4$ l Elsässer Wein (oder herber Weißwein), 1 Speckschwarte, Aspik (je nach Geschmack), Salz, Pfeffer.

Den Hasen entbeinen. Einige schöne Stücke ganz aufbewahren. Den Rest durchtreiben. Mit der Bratwurstfülle, den gehackten Trüffeln, dem kleingeschnittenen, rohen Speck vermischen. Kognak, Wein, Salz und Pfeffer dazugeben. Die beiseitegelegten Hasenstücke daruntermischen. Aus der Masse eine große Wurst formen, mit der Speckschwarte umwickeln und schnüren.
Die Ballottine fest in ein leinenes Tuch hüllen, in lauwarmes Wasser geben und 1 Stunde lang vorsichtig unter leisem Aufwallen garen.
Danach das Tuch entfernen und die Ballottine im Eisschrank erkalten lassen.
Je nach Belieben mit Aspik garnieren.

Sauces
Soßen

Sauce vinaigrette

½ cuillerée à café de moutarde forte, 1 cuillerée à soupe de vinaigre de vin, 3 cuillerées à soupe d'huile.

Dans un bol, mélanger la moutarde, le vinaigre, le sel, le poivre et l'huile. Bien battre avec une cuillère ou une fourchette en bois pour émulsionner et lier.
On peut incorporer à la vinaigrette des fines herbes coupées finement aux ciseaux, des échalotes ou des oignons, du persil ou de l'ail hachés.

Sauce béchamel

50 g beurre, 40 g farine, sel, poivre, 0,5 l lait froid.

Faire un roux blanc. Faire fondre le beurre dans une petite casserole à feu modéré. Dès qu'il est fondu, ajouter la farine en une seule fois, mélanger bien à la cuillère de bois.
Laisser cuire 2 ou 3 minutes à feu très doux en remuant sans arrêt.
Lorsque le mélange épaissit, mouiller avec le lait. Cuire en tournant jusqu'à épaississement. Saler, poivrer, ajouter une pincée de muscade.

Variantes: Sauce crème: ajouter 1 dl de crème fraîche
Sauce Marnay: ajouter 60 g de gruyère râpé.

Sauce „Vinaigrette" – Salat/Kräutersoße

½ Teel. scharfer Senf, 1 Eßl. Weinessig, 3 Eßl. Öl, Salz, Pfeffer.

In einer Schüssel den Senf, den Essig, das Salz, den Pfeffer und das Öl mischen. Mit einem Löffel oder einer Gabel gut schlagen, damit alle Zutaten gut gebunden werden und eine sämige Soße ergeben. Man kann frische, gehackte Kräuter (oder besser mit einer Schere klein geschnitten), gehackte Schalotten, Zwiebeln oder Knoblauch dazugeben.

Béchamelsoße

Vorzüglich

50 g Butter, 40 g Mehl, ½ l kalte Milch, Salz, Pfeffer.

Eine weiße Mehlschwitze zubereiten: die Butter in einem kleinen Topf bei Mittelhitze schmelzen und das Mehl auf einmal in die geschmolzene Butter schütten. Gut mit einem Holzlöffel verrühren. Unter ständigem Rühren bei sehr schwacher Hitze dicken und dann die kalte Milch dazugießen. Unter weiterem Rühren bis zur gewünschten Dicke weiterkochen lassen. Salzen, pfeffern, eine Prise Muskatnuß dazugeben.
Man kann statt der Milch frischen Rahm nehmen. Wenn man 60 g geriebenen Käse unterrührt, erhält man eine „Sauce Mornay".

Sauce hollandaise

3 jaunes d'oeufs, 180 g beurre, 2 cuillerées d'eau, 1 jus de citron ou à défaut du vinaigre, sel et poivre.

Mettre les jaunes d'oeufs dans une petite casserole à bords hauts.
Hors du feu, délayer avec une cuillère de bois ou un fouet à sauce, en incorporant peu à peu le jus de citron (ou le vinaigre) et 1 cuillerée d'eau froide, puis le sel et le poivre.
Placer la casserole sur feu très doux de préférence au bain-marie. Travailler le mélange; dès qu'il commence à épaissir, ajouter une grosse noix de beurre, continuer de tourner avec la cuillère ou le fouet en ajoutant ainsi tout le beurre par petites quantités en travaillant tout le temps la sauce.
Si elle épaissit trop, ajouter quelques gouttes d'eau froide.
Rectifier l'assaisonnement et servir dans une saucière chauffée sans excès.

Sauce mousseline

Ajouter à la sauce hollandaise de la crème fraîche fouettée (proportion pour 3 dl de sauce hollandaise: 1 dl de crème fraîche).
Fouetter pour rendre la sauce mousseuse.

„Sauce Hollandaise" – Holländische Soße

3 Eigelb, 180 g Butter, 2 Eßl. Wasser, Saft einer Zitrone, Salz, Pfeffer.

Die Eigelb in einen kleinen, hochwandigen Topf geben.
Mit einem Holzlöffel oder einem Schneebesen verrühren und unter ständigem Rühren den Zitronensaft (im Notfall auch Essig), 1 Eßl. kaltes Wasser, Salz und Pfeffer untermischen.
Das Töpfchen auf sehr schwaches Feuer stellen, am besten in ein Wasserbad. Weiter mit dem Kochlöffel oder dem Schneebesen bearbeiten. Sobald die Masse sich verdickt, ein Stück Butter dazugeben, unterrühren und auf diese Art und Weise Stückchen für Stückchen die Butter daruntermischen.
Wird die Soße zu dick, kann man einige Tropfen kaltes Wasser darunterrühren.
Abschmecken und in einer vorsichtig vorgewärmten Soßenschüssel zu Tisch bringen.

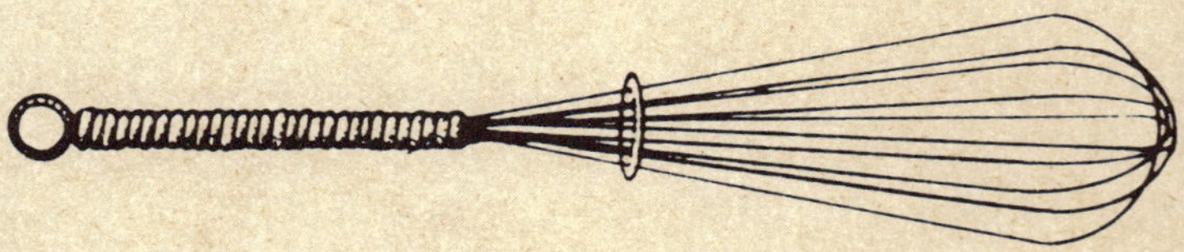

Sauce au raifort (chaude)

150 g de raifort, 30 g beurre, 30 g farine, 1 verre de vin blanc d'Alsace très sec, 1 verre de bouillon, sel, poivre.

Faire un roux blanc avec le beurre et la farine. Mouiller avec le bouillon et le vin.
Assaisonner, laisser un peu réduire. Ajouter le raifort et mélanger doucement. Faire mijoter à feu doux 10 minutes.

Raifort à la creme

Faire revenir le raifort râpé dix minutes dans une poêle avec du beurre et une échalote émincée. Lier avec une cuillère de farine. Laisser bouillir, ajouter un peu de crème fraîche. Servir chaud.

Sauce Mousseline – Musselinsoße

Eine Sauce Hollandaise zubereiten und kurz vor dem Auftragen steifgeschlagenen Rahm darunterziehen. Man nimmt für 3 dl Sauce Hollandaise: 1 dl Schlagrahm. Ist der Schlagrahm untergezogen, wird die Soße gut durchgeschlagen, damit sie schön schaumig wird.

Heiße Meerrettichsoße

150 g geriebener roher Meerrettich, 30 g Butter, 30 g Mehl, 1 Glas sehr trockener Elsässer Wein, 1 Glas Brühe, Salz, Pfeffer.

Aus Butter und Mehl eine Mehlschwitze bereiten. Mit der Brühe und dem Wein aufgießen. Würzen. Etwas einkochen lassen. Den Meerrettich vorsichtig unterrühren. 10 Minuten auf schwachem Feuer „köcheln" lassen.

Meerrettich mit Rahm – Sahnemeerrettich

Den geriebenen rohen Meerrettich 10 Minuten mit Butter und einer feingehackten Schalotte anschwitzen und mit einem Löffel Mehl binden. Kochen lassen und etwas frischen Rahm unterrühren. Heiß auftragen.

Sauce au raifort (froide)

200 g de raifort, 200 g de mie de pain, 1/4 l de crème fraîche épaisse, 1 pincée de sucre, 1 cuillerée à soupe de vinaigre

Faire tremper la mie de pain dans du lait.
Mélanger le raifort râpé et la mie de pain bien pressée.
Assaisonner de sel et de sucre.
Ajouter la crème et un filet de vinaigre. Servir froid.

Beurre manié (pour épaissir les sauces)

Il faut une quantité égale de beurre et de farine: 30 g de chaque pour 0,75 l de liquide environ.

Laisser ramollir le beurre à la température de la pièce. Le triturer avec la farine, dans un bol avec une fourchette de façon à obtenir une pâte homogène.

Amener à ébullition la sauce que vous voulez épaissir. Puis mettre à feu doux, ajouter le beurre manié dans la sauce par petites quantités.

Mélanger; arrêter aussitôt la consistance souhaitée obtenue. Retirer du feu dès le premier bouillon.

Kalte Meerrettichsoße

250 g geriebener roher Meerrettich, 200 g Weißbrot, 1/4 l saurer Rahm, 1 Prise Zucker, 1 Eßl. Essig.

Das Weißbrot in Milch einweichen. Den Meerrettich und das gut ausgepreßte Weißbrot vermischen. Mit Salz und Pfeffer abschmecken, den Essig dazugeben und den steifgeschlagenen Rahm unterziehen.

Mehlbutter zum Dicken der Soßen

Die gleiche Menge Butter und Mehl, zum Beispiel 30 g Butter und 30 g Mehl auf 3/4 l anzudickende Soße verkneten.
Die Butter bei Zimmerwärme weich werden lassen und mit einer Gabel in einer Schüssel mit dem Mehl zu einer geschmeidigen Masse verarbeiten.
Die zu dickende Soße zum Kochen bringen. Den Herd auf schwache Hitze schalten und die Mehlbutter nach und nach untermischen. Ist die Soße dick genug, keine Mehlbutter mehr zufügen. Nach dem ersten Aufkochen vom Feuer nehmen.

Entrées chaudes
Heiße Vorspeisen

Tarte à l'oignon «Ziwelwaia»

c'est merveilleux

Pâte brisée: 250 g farine, 125 g beurre, sel, eau.
Garniture: 50 g farine, 3 gros oignons, 3 dl de crème, 3 oeufs, 2 jaunes d'oeufs, sel, poivre, 1 pointe de cayenne et muscade.

Faire une pâte brisée ou feuilletée.
Emincer les oignons et les faire étuver au beurre dans une poêle c'est à dire cuire sans les dorer et de façon qu'ils soient bien fondus.
Mélanger dans une terrine la farine, la crème, les oeufs entiers, les jaunes, le sel, le poivre, la muscade et le poivre de cayenne. Ajouter les oignons.
Etaler la pâte dans un moule à tarte, la garnir avec la préparation ci-dessus.
Faire cuire à four moyen 30 minutes environ.

On peut ajouter des lardons qu'on a fait blanchir à la préparation. La tarte à l'oignon ressemble alors à la quiche lorraine.

Zwiebelkuchen – „Ziwelwaje"

Butterteig: 250 g Mehl, 125 g Butter, Salz, Wasser,
Belag: 50 g Mehl, 3 große Zwiebeln, 3 dl Rahm, 3 Eier, 2 Eigelb, Salz, Pfeffer, 2 Messerspitzen Cayennepfeffer und Muskatnuß.

Einen Butterteig oder Blätterteig zubereiten.
Die Zwiebeln zerkleinern und in der Butter in einer Pfanne schmelzen lassen, ohne daß sie Farbe annehmen.
In einer Schüssel das Mehl, den Rahm, die ganzen Eier, die Eigelb, das Salz, den Pfeffer, die Muskatnuß und die Messerspitze Cayennepfeffer vermischen. Die Zwiebeln dazugeben.
Den ausgewellten Teig auf ein Kuchenblech geben und mit der oben beschriebenen Mischung belegen. In mittelheißem Ofen ungefähr dreißig Minuten backen.

Anmerkung: Man kann Speckstückchen, die man mit kochendem Wasser überbrüht hat, unter den Zwiebelbelag mischen. Der Zwiebelkuchen nähert sich damit der „Quiche Lorraine".

Tarte aux asperges

Pâte brisée: 250 g farine, 125 g beurre, sel, eau.
Appareil: 400 g de pointes d'asperges (ou de petites asperges coupées en morceaux), 4 oeufs, 80 g de gruyère, 100 g de crème fraîche, 1 cuillerée à soupe de maïzena, sel, poivre.

Peler, laver les asperges, les faire cuire 15 minutes.
Préparer la pâte brisée.
Dans une terrine, mélanger les oeufs battus en omelette, la maïzena délayée dans un peu de lait froid et la crème. Ajouter le gruyère râpé, le sel, le poivre.
Foncer un moule à tarte avec la pâte brisée. Couvrir le fond avec les asperges bien égouttées. Verser la préparation aux oeufs sur la tarte.
Faire cuire à four chaud pendant 25 à 30 minutes environ et servir chaud.

Omelette aux pointes d'asperges

20 petites asperges (ou 40 pointes), 40 g beurre, 6 oeufs, 1/2 verre d'eau, sel, poivre.

Peler les asperges et les couper en petits morceaux.
Dans une casserole, mettre l'eau, le sel et un petit morceau de beurre. Ajouter les asperges, laisser cuire 20 minutes à petit feu.
Casser les oeufs dans une terrine, saler, poivrer, battre avec une fourchette.
Mettre dans une poêle le reste du beurre, lorsqu'il est

Spargelkuchen

Butterteig: 250 g Mehl, 125 g Butter, Salz, Wasser.
Belag: 400 g Spargelspitzen (oder kleine, in Stücke geschnittene Spargeln), 4 Eier, 80 g Schweizer Käse, 100 g frischer Rahm, 1 Suppenlöffel Maizena, Salz, Pfeffer.

Die Spargeln schälen, waschen und 15 Minuten in Salzwasser abkochen. Den Butterteig zubereiten.
In einer Schüssel die gut verrührten Eier mit dem in etwas kalter Milch und dem Rahm aufgelösten Maizena vermischen. Den geriebenen Schweizer Käse, das Salz und den Pfeffer zugeben.
Ein Kuchenblech mit dem Butterteig auslegen. Darauf kommen die gut abgetropften Spargeln und darüber die Eier-Käsemischung.
In heißem Ofen 25–30 Minuten backen und heiß zu Tisch bringen.

Omelette mit Spargelspitzen

20 kleine Spargeln oder 40 Spargelspitzen, 40 g Butter, 6 Eier, 1/2 Glas Wasser, Salz, Pfeffer.

Die Spargeln schälen und in kleine Stücke schneiden.
In einen Topf das Wasser, das Salz und ein kleines Stück Butter geben, die Spargeln dazufügen und bei kleiner Hitze 20 Minuten kochen.
Die Eier in eine Schüssel schlagen, salzen, pfeffern, mit einer Gabel gut schaumig schlagen.

très chaud, y mettre les asperges et verser dessus les oeufs battus.
Faire cuire à feu pas trop vif. L'omelette ne doit pas être trop cuite, mais un peu baveuse.
Servir très chaud.

Le Bon Dieu ne peut faire mieux

Tourte de la vallée de Munster

Farce: 700 g porc maigre, 1 petit pain au lait, 1 oignon, 1 gousse d'ail, sel, poivre, 1 oeuf, un peu de noix de muscade râpée, 30 g beurre.
Pâte: 400 g de farine, 200 g beurre, sel, eau.

Faire une pâte brisée ou demi-feuilletée. Faire tremper le pain dans du lait bouilant. Faire suer l'oignon et l'ail émincés. Hacher grossièrement la viande et le pain. Mélanger avec l'oignon, l'ail, l'oeuf, et les épices. Ajouter l'oeuf et bien travailler le tout.
Faire une abaisse de pâte de 3 mm d'épaisseur. Etaler la moitié de la pâte sur un plat à tourte beurré. Disposer la farce sur le fond.
Relever le bord de l'abaisse et le badigeonner avec un peu de blanc d'oeuf. Recouvrir d'une deuxième abaisse, appuyer sur le bord de la première, afin de bien souder fond et couvercle.
Faire une petite cheminée d'évaporation au milieu du couvercle.
Badigeonner au jaune d'oeuf et décorer le dessus en le rayant avec une fourchette.

Den Rest der Butter in eine Pfanne geben, gut erhitzen, die Spargelspitzen hinzufügen und darüber die Eier gießen. Auf nicht zu lebhaftem Feuer garen. Das Omelette darf nicht zu stark gebacken werden, sondern muß schön saftig bleiben.
Sehr heiß auf den Tisch bringen.

Pastete („Tourte") aus dem Münstertal

Füllung: 700 g mageres Schweinefleisch, 1 kleines Milchbrot, 1 Zwiebel, 1 Knoblauchzehe, Salz, Pfeffer, 1 Ei, etwas geriebene Muskatnuß, 30 g Butter.
Teig: 400 g Mehl, 200 g Butter, Salz, Wasser.

Einen Butterteig oder Halbblätterteig machen. Das Brot in kochender Milch einweichen. Die zerkleinerte Zwiebel und die zerquetschte Knoblauchzehe anschwitzen. Das Fleisch und das Brot grob hacken, mit der Zwiebel, dem Knoblauch, dem Ei und den Gewürzen vermischen. Ein Ei dazugeben und das Ganze gut vermengen.
Den Teig 3 mm dick auswellen. Eine gute Hälfte davon in eine gebutterte Pastetenform geben und mit der Fülle belegen. Den überhängenden Teig mit etwas Eiweiß bestreichen.
Einen zweiten Teigdeckel auf die Fülle legen und durch Andrücken fest mit dem Boden verbinden. In der Deckelmitte eine kleine Öffnung lassen, damit der Dampf abziehen kann. Mit Eigelb bestreichen und

Cuire 30 à 40 minutes dans un four chaud. Servir chaud.
On peut aussi utiliser pour la farce moitié viande de veau, moitié viande de porc.

Tarte flambée «Flammekueche»

500 g pâte à pain, 250 g fromage blanc, $^1/_4$ l crème épaisse, 2 gros oignons, 100 g de potrine fumée, 1 cuillerée à soupe d'huile de colza, noix de muscade, sel, poivre.

Couper le lard en petits lardons. Hacher les oignons.
Mélanger bien le fromage blanc et la crème, assaisonner de sel, poivre et d'une pincée de noix de muscade râpée –
Diviser la pâte en plusieurs morceaux.
Etaler chaque morceau, très mince, de la dimension d'un grand plat. Etaler sur la surface de la pâte le mèlange fromage-crème sur une épaisseur d-$^1/_2$ cm environ. La poser sur une pelle de boulanger ou plaque du four. Parsemer la surface avec les oignons et les lardons. Arroser avec l'huile.
Cuire à four brûlant.

La tarte flambée est bien meilleure lorsqu'elle est cuite comme autrefois dans les villages, dans un four à pain, chauffé au préalable avec des brindilles de bois qu'on écarte pour introduire la pelle en bois où se trouve la tarte qui est alors «léchée» par les flammes.

mit der Gabel Muster auf den Teigdeckel ritzen.
In heißem Ofen 30 bis 40 Minuten backen.
Heiß auftragen.
Man kann für die Fülle auch zur Hälfte Schweinefleisch und zur Hälfte Kalbfleisch verwenden.

Flammenkuchen – ,,Flammeküeche"

500 g Brotteig, 250 g Quark, $^1/_4$ l saurer Rahm, 2 große Zwiebeln, 100 g Brustspeck, 1 Suppenlöffel Rapsöl, Muskatnuß, Salz, Pfeffer.

Den Speck in kleine Würfelchen schneiden. Die Zwiebeln hacken. Quark und sauren Rahm gut mischen und mit Salz, Pfeffer und geriebener Muskatnuß würzen.
Den Teig in mehrere Stücke teilen. Jedes Teigstück sehr dünn auswellen, ungefähr in der Größe einer großen Fleischplatte.
Auf die jeweilige Teigplatte die Rahm-Quarkmischung einen halben Zentimeter dick aufstreichen. Sie auf ein Blech legen, mit gehackter Zwiebel und Speckwürfelchen bestreuen und mit etwas Öl begießen.
In sehr heißem Ofen backen.

Anmerkung: Der ,,Flammeküeche" ist natürlich viel besser, wenn er wie früher in den Dörfern in einem Brotbackofen gebacken wird, der mit Holzreisig angeheizt wurde. Die Glut wird beiseite gescharrt, be-

Ça fait plaisir

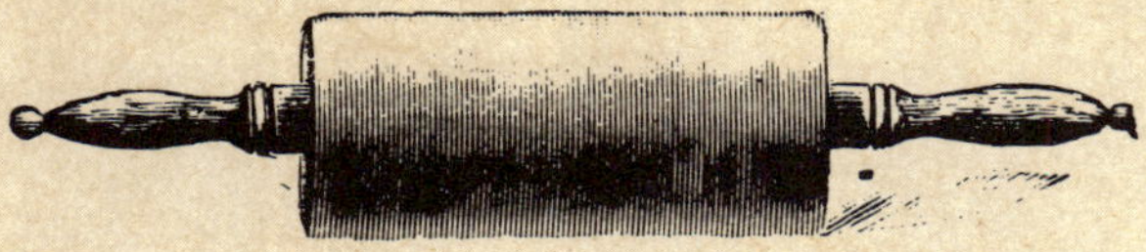

Cuisses de grenouilles au Riesling

24 cuisses de grenouilles, 100 g beurre.
Sauce: 1/4 de bouteille de Riesling, 2 échalotes, 1 gousse d'ail, persil, 125 g crème fraîche, 1 oeuf, 1 pincée de noix de muscade (facultatif).

Faire macérer dans du Riesling les cuisses de grenouilles pendant 2 heures.
Les essuyer et les fariner délicatement pour bien les sécher.
Dans une poêle contenant le beurre chaud les faire revenir doucement jusqu'à une coloration blonde.
Saler, poivrer et mettre au chaud dans le plat de service.
Dans la poêle, mettre à dorer les échalotes hâchées finement et l'ail écrasé.
Mouiller avec le vin et faire réduire á petit feu 20 minutes environ.
Ajouter une pincée de persil hâché.
Hors du feu, lier cette sauce avec le jaune de l'oeuf battu avec la crème.
Mettre la pincée de muscade, selon goût.
Rectifier l'assaissonnement et verser la sauce sur les cuisses de grenouilles.
Servir immédiatement.

vor man die Bäckerschaufel „einschießt", auf der sich der Kuchen befindet. Auf diese Art und Weise wird der Kuchen wirklich von den Flammen „beleckt".

Froschschenkel in Riesling

24 Froschschenkel, 100 g Butter.
Soße: 1/4 Flasche Riesling, 2 Schalotten, 1 Knoblauchzehe, Petersilie, 1/8 l Rahm, 1 Ei, 1 Prise geriebene Muskatnuß (je nach Geschmack).

Die Froschschenkel zwei Stunden lang im Riesling marinieren. Herausnehmen, abtrocknen und mit Mehl bestäuben.
Butter in einer Pfanne erhitzen und sie goldgelb anbraten. Salzen, pfeffern und sie in einer Schüssel warmhalten.
Die feingehackten Schalotten und den zerquetschten Knoblauch in einer Pfanne anrösten. Etwas gehackte Petersilie dazugeben. Mit dem Wein ablöschen und auf kleinem Feuer 20 Minuten einkochen lassen.
Vom Feuer nehmen und mit dem mit dem Rahm vermischten Eigelb abbinden. Je nach Geschmack mit der geriebenen Muskatnuß abschmecken.
Nachwürzen und die Soße über die warmgehaltenen Froschschenkel gießen. Sofort auftragen.

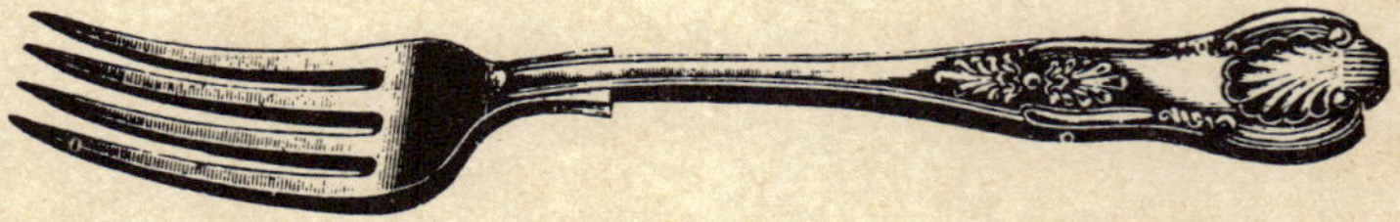

Merveilleux

Escargots à l'alsacienne

6 douzaines d'escargots
une bouteille de vin d'Alsace, 2 l d'eau, 16 g sel, 10 grains de poivre concassé, un bouquet garni (persil, laurier), beaucoup de thym, 3 carottes, 2 oignons, 2 gousses d'ail.

beurre d'escargots: 600 g beurre, 30 g persil, 20 g ail, 30 échalotes, sel, poivre.

Laver les escargots. Les mettre dans un faitout avec de l'eau vinaigrée et salée jusqu'à hauteur et laisser bouillir quelques minutes (5 mn environ)
Mettre le faitout sous l'eau courante. Egoutter les escargots. Sortir la chair et enlever l'extrémité noire.
Laver de nouveau les escargots puis les mettre à cuire avec le vin et autant d'eau de façon que les escargots soient largement couverts.
Lorsque l'ébullition commence, ajouter les carottes et les oignons coupés grossièrement, l'ail entier, le bouquet garni, sel et poivre. Laisser cuire doucement pendant 3 heures.
Retirer du feu et laisser refroidir les escargots dans leur cuisson.
Retirer et égoutter les escargots.
Remettre sur le feu le fond de cuisson et le laisser réduire. Faire refroidir et passer.

Préparation du beurre d'escargots:
Hacher très finement le persil, l'ail et les échalotes. Bien mélanger. Ajouter le sel, le poivre.

Schnecken auf elsässische Art

Sechs Dutzend Schnecken.
zum Abkochen: 1 Flasche Elsässer Wein, 2 l Wasser, 16 g Salz, 10 gestoßene Pfefferkörner, 1 Bund Kräuter (Petersilie, Lorbeerblatt, viel Thymian), 3 Karotten, 2 Zwiebeln, 2 Knoblauchzehen.

Schneckenbutter: 600 g Butter, 30 g Petersilie, 20 g Knoblauch, 30 g Schalotten, Salz, Pfeffer.

Die Schnecken waschen. Sie in einen Topf geben, mit gesalzenem Essigwasser bedecken und ungefähr fünf Minuten kochen lassen. Den Topf unter fließendes Wasser stellen, kurz abschrecken. Die Schnecken herausnehmen, abtropfen lassen. Das Fleisch aus den Schalen lösen und von den schwarzen Teilen befreien.
Die Schnecken nochmals waschen. In einen Topf geben, den Wein dazuschütten und soviel Wasser darangeben, daß die Schnecken reichlich bedeckt sind. Zum Kochen bringen. Beim ersten Aufwallen die grob geschnittenen Karotten und Zwiebeln, die ganze Knoblauchzehe, das Kräuterbündel, das Salz und den Pfeffer dazugeben. Drei Stunden leise kochen lassen.
Vom Feuer nehmen. Die Schnecken in der Kochbrühe erkalten lassen.
Die Schnecken herausnehmen und abtropfen lassen. Die Kochbrühe erneut aufs Feuer geben und einkochen lassen. Erkalten lassen und abseihen.

Avec une fourchette, incorporer le hachis au beurre. Bien malaxer pour obtenir une pâte homogène. Laisser refroidir.
Dans chaque coquille bien propre et sèche, mettre une cuillérée de fond de cuisson puis introduire un escargot, boucher avec le beurre, très hermétiquement.
Ranger les escargots bien droits dans un plat.
Mettre à four chaud et servir dès que le beurre est fondu.

Escargots en brioche

Pour la cuisson, et la préparation du beurre, voir recette précédente.
Prendre une baguette de pain brioché ou à défaut du pain de mie briocheé. Couper des tranches de 2 cm d'épaisseur dans la baguette ou des cubes. Creuser le pain pour y introduire la chair d'un escargot. Tartiner la surface du pain avec le beurre d'escargot.
Ranger les cubes de pain sur une grande plaque et mettre à four chaud.
Le beurre fond, imprègne la brioche qui dore légèrement. Servir très chaud.

Zubereitung der Schneckenbutter: Die Petersilie, den Knoblauch und die Schalotten sehr fein hacken. Gut mischen, Salz und Pfeffer dazufügen.
Mit einer Gabel dieses Gemisch unter die Butter mengen. Gut durcharbeiten, um eine geschmeidige Paste zu bekommen. Erkalten lassen.
In jedes saubere, trockene Schneckenhaus einen Löffel Kochbrühe geben, eine Schnecke einführen und mit der Schneckenbutter hermetisch verschließen.
Die Schnecken schön gerade in eine feuerfeste Schale einordnen. Im heißen Ofen erhitzen und sofort auf den Tisch bringen, wenn die Butter geschmolzen ist.

Für Feinschmecker

Schneckenbissen

Für das Abkochen der Schnecken und die Zubereitung der Schneckenbutter gilt das vorstehende Rezept.
Eine ,,Baguette" aus Briocheteig oder ein viereckiges Briochebrot kaufen. Im Notfall kann man auch eine gewöhnliche Baguette nehmen. Die Baguette oder das Brot in zwei cm dicke Scheiben oder Würfel schneiden. In die Mitte eine Öffnung bohren, mit Schneckenfleisch füllen. Die ganze Scheibe oder den Würfel mit Schneckenbutter bestreichen.
Auf ein Blech geben und in den heißen Ofen schieben.
Die Butter schmilzt und durchdringt die Brotscheibe. Bei leichter Goldfarbe aus dem Ofen nehmen und sehr heiß sofort zu Tisch geben.

delikat, nicht wahr?

Jambon en croûte

Pour 12 personnes: 1 jambon d'environ 4 kg, salé ou fumé
pâte brisée: 1 kg farine, 350 g de saindoux ou de beurre, 1/2 l d'eau environ, 50 g de sel et 30 g sucre

Faire tremper le jambon 12 heures á l'eau froide pour le faire gonfler.

Preparer la pâte brisée. Travailler le tout rapidement, réunir en boule et laisser reposer 2 à 3 heures.

Egoutter le jambon, le brosser sur toutes ses faces. Le mettre dans une grande marmite remplie d'eau froide.

Faire chauffer: dès que l'ébullition apparaît, mettre á feu doux et laisser frémir jusqu'à la fin de la cuisson (compter 10 minutes de cuisson par livre de jambon).

Retirer le jambon, enlever la couenne, le parer en ôtant toutes les parties brunes.

Prélever un peu de pâte pour la garniture du jambon.

Etendre la pâte sur une épaisseur d'un bon centimètre et enfermer le jambon dedans. Couvrir en tirant la pâte pourqu'elle soit bien lisse sur le dessus. Fermer la pâte en repliant les bords et en les soudant l'un à l'autre sous le jambon.

Décorer de petits motifs avec la pâte restante. Dorer à l'oeuf battu. Faire un trou sur le dessus et insérer un tube de papier formant cheminée pour l'évaporation.

Schinken in Butterteig

für 12 Personen:
1 gesalzener oder geräucherter Schinken von ungefähr 4 Kilo.
Butterteig: 1 Kilo Mehl, 350 g Butter (oder Schweineschmalz), 1/2 l Wasser, ungefähr 50 g Salz und 30 g Zucker.

Den Schinken 12 Stunden in kaltem Wasser einweichen, damit er etwas aufquillt.

Den Butterteig zubereiten. Alle Zutaten rasch verarbeiten, zu einem Teigball zusammenrollen und 2–3 Stunden ruhen lassen.

Den Schinken abtropfen lassen und überall gut abbürsten. In einen großen, mit kaltem Wasser gefüllten Topf legen.

Zum Kochen bringen. Nach dem ersten Aufkochen auf kleine Hitze schalten und bis zum Ende der Garzeit nur leise „köcheln" lassen. (Man rechnet etwa 10 Minuten Kochzeit für 1 Pfund Schinken).

Ist der Schinken gar, nimmt man ihn aus dem Topf, entfernt die Schwarte und alle bräunlichen Stellen.

Etwas Teig für die Verzierung des Schinkens beiseitestellen. Den restlichen Teig ungefähr einen Zentimeter dick auswellen und den Schinken darin einhüllen. Der Teig muß auf der Oberseite des Schinkens schön glatt anliegen. Die Teighülle wird auf der Unterseite des Schinkens durch Andrücken der Teigkanten sorgfältig verschlossen.

Mettre le jambon à four chaud, sans excès, jusqu'à ce que la pâte soit bien dorée (1 heure à 1 heure 30 environ).

«Knepfe» – Boulettes à la farine

Pâte: 500 g farine, 3 oeufs, $^{1}/_{4}$ l de lait, sel.
3 tranches de pain, 100 g beurre, 125 g gruyère, poivre, pointe de muscade râpée.

Faire une pâte avec tous les ingrédients. Bien travailler cette pâte et la laisser reposer 2 heures.
Dans une grande casserole faire bouillir de l'eau salée.
Avec une cuillère trempée dans l'eau bouillante, prélever un peu de pâte en forme de boulettes.
Jeter ces petites boulettes dans l'eau bouillante. Au fur et à mesure que les boulettes surnagent (10 minutes environ), les retirer et les égoutter.
Disposer les knepfle sur un plat; tenir au chaud.
Faire dorer de petits croûtons de pain dans du beurre.
Verser sur les «knepfle» . Napper soit avec du beurre fondu, soit avec une sauce tomate, soit du jus de rôti.
Saupoudrer de gruyère râpé et servir très chaud.

Jadis dans les villages, ce plat était surtout servi le ven-

Ça plaît à tout le monde.

Mit dem beiseite gelegten Teig die Oberfläche je nach Belieben und Fantasie verzieren. Alles mit Eigelb bepinseln.

Auf der Schinkenoberseite ein Loch in den Teig schneiden und mit einem Papierröllchen eine Art Kamin machen, damit der Dampf abziehen kann.

Den Schinken in mäßig heißem Ofen 1–1$^{1}/_{2}$ Stunden zu schöner, goldbrauner Farbe backen.

„Knepfe" – Mehlknöpfchen

500 g Mehl, 3 Eier, $^{1}/_{4}$ l Milch, Salz; 3 oder 4 Scheiben Brot, 100 g Butter, 125 g Schweizer Käse, Pfeffer, geriebene Muskatnuß.

Aus allen Zutaten einen Teig machen, gut durcharbeiten und zwei Stunden ruhen lassen.
In einem großen Topf Wasser und Salz zum Kochen bringen. Einen Löffel ins kochende Wasser tauchen und kleine Kügelchen vom Teig abstechen. Diese kleinen Kügelchen oder Knöpfchen in das kochende Wasser werfen. Sobald sie an die Oberfläche kommen (ungefähr nach 10 Minuten) aus dem Wasser nehmen und abtropfen lassen.
Sie in eine Schüssel geben und warmstellen.
Ist der Teig aufgearbeitet und alle „Knepfe" warmgestellt, die kleingeschnittenen Brotwürfel in Butter anrösten und über die „Knepfe" geben. Mit zerlassener Butter, Tomatensoße oder Fleischsaft übergießen.
Mit geriebenem Schweizer Käse überpudern und sehr heiß zu Tisch bringen.

dredi après la soupe. On l'accompagnait de compotes de pruneaux ou de poires séchés.

Cuisine simple

Crêpes épaisses

Pour 8 crêpes environ:
250 g farine – 4 oeufs – $^{1}/_{2}$ l de lait (ou biére) – 2 cuillerées à soupe d'huile – 1 pincée de sel –

Mettre la farine dans une terrine.
Creuser une fontaine, mettre les oeufs entiers et le sel.
Mélanger en ajoutant le lait par petites quantités, puis l'huile.
Laisser reposer au moins 30 minutes.
Faire fondre le beurre dans une poêle, lorsqu'il est très chaud, verser un peu de pâte pour obtenir une crêpe pas trop fine. Laisser cuire. Dorer le premier côté. Retourner pour dorer l'autre côté.
Mettre sur un plat et continuer à cuire les autres crêpes jusqu'à épuisement de la pâte.

Les crêpes sont souvent servies comme plat principal, après le potage. Accompagnées de salade ou de petits pois frais du jardin cuits et préparés à la crème fraîche. Sucrées, aux pommes, elles tiennent lieu de dessert.

Anmerkung: Dieses Gericht war früher in den Dörfern zusammen mit einer Suppe das traditionelle Freitagsessen. Man reichte dazu Apfelkompott oder gekochtes Dörrobst.

Pfannkuchen

für ungefähr 8 Pfannkuchen:
250 g Mehl, 4 Eier, $^{1}/_{2}$ l Milch (oder Bier), 2 Eßl. Öl, 1 Prise Salz.

Das Mehl in eine Schüssel sieben. Eine Vertiefung machen, die ganzen Eier und das Salz hineingeben. Vermengen, indem man die Milch nach und nach dazugibt. Das Öl untermischen.
Mindestens 30 Minuten ruhen lassen.
Butter in einer Pfanne zergehen lassen. Ist sie sehr heiß, soviel Teig hineingeben, daß es für einen nicht zu dünnen Pfannkuchen reicht. Auf beiden Seiten goldenbraun backen.
Auf einer Platte warmhalten und Pfannkuchen backen, bis der ganze Teig aufgebraucht ist.

Anmerkung: Die Pfannkuchen werden oft als Hauptmahlzeit auf den Tisch gebracht und zwar nach der Suppe. Man reicht dazu einen grünen Salat oder kleine, frische, in Rahm zubereitete Gartenerbsen. Gezuckert und manchmal mit eingebackenen Äpfeln sind sie ein beliebter Nachtisch.

Legumes
Gemüse und Teigwaren

Navets confits «Süri rüewa»

2 kg de navets surs (prérarés comme les choux de la choucroute), 100 g de graisse d'oie ou de saindoux, 2 oignons, 2 gousses d'ail, 2 clous de girofle, 1 feuille de laurier, 4 verres de vin d'Alsace (Riesling), une palette fumée de 500 g, 500 g de lard salé et 1 jambonneau salé, sel, poivre.

Emincer les oignons.
Laver, égoutter et presser les navets pour éliminer l'eau.
Dans une cocotte contenant la graisse d'oie, faire revenir les oignons. Répartir la moitié des navets sur les oignons, poser les viandes, ajouter l'ail, le laurier, les clous de girofle mis dans un petit sachet de toile.
Recouvrir avec le restant des navets.
Mouiller avec le vin blanc et la même quantité d'eau.
Couvrir et porter à ébullition, puis mettre à cuire au four une heure ½ environ.
Retirer les viandes et les découper. Dresser les navets sur un plat chaud, garnir avec les viandes.
On sert ce plat accompagné avec des pommes de terre cuites à la vapeur.
On peut garnir aussi de saucisses blanches.

„Süri Rüewa“ – Saure Rüben

2000 g saure Rüben (wie Sauerkraut zubereitete Rüben), 100 g Gänseschmalz oder Schweineschmalz, 2 Zwiebeln, 2 Gewürznelken, 2 Knoblauchzehen, 1 Lorbeerblatt, 4 Gläser Elsässer Wein (Riesling), 1 „Schieffele“ (geräuchertes Schulterstück vom Schwein) von 500 g, 500 g Salzspeck, 1 gesalzene Schweinshaxe, Salz, Pfeffer.

Die Zwiebeln zerkleinern.
Die sauren Rüben waschen, abtropfen und gut auspressen.
In einem Topf im Schweine- oder Gänseschmalz die Zwiebeln anschwitzen, die Hälfte der sauren Rüben darüberzupfen. Dann die verschiedenen Fleischsorten mit den in ein Leinensäckchen eingebundenen Gewürzen (Knoblauch, Lorbeerblatt, Gewürznelken) hineinlegen. Mit dem Rest der Rüben bedekken.
Mit dem Weißwein und der gleichen Menge Wasser auffüllen. Abschmecken. Zudecken, zum Kochen bringen und im Backofen bei Mittelhitze in einer halben Stunde fertig garen.
Das Fleisch herausnehmen und zerschneiden. Die Rüben in einer angewärmten Schüssel anrichten und das Fleisch darauf anordnen. Man reicht Salzkartoffeln dazu.
Man kann auch noch feine Bratwurst als weitere Beilage hinzufügen.

Chou rouge aux pommes

1 chou rouge, 100 g de graisse d'oie ou de saindoux, 100 g de lard fumé, 1 verre de vin rouge, 1 verre de vinaigre de vin, une feuille de laurier, 1 clou de girofle, 2 grosses pommes reinette, sel, poivre du moulin.

Enlever le trognon et les grosses côtes des feuilles du chou. Laver et couper les feuilles en fines lanières.
Mettre le chou coupé dans une terrine, ajouter le vinaigre, du sel et du poivre, 1 pincée de sucre. Mélanger et laisser mariner 30 minutes.
Emincer l'oignon et couper le lard en lardons. Les faire revenir dans une cocotte avec la graisse. Ajouter le chou coupé, un peu égoutté, la feuille de laurier, le clou de girofle piqué dans un oignon, le sel et le poivre. Mouiller avec le vin.
Couvrir hermétiquement et faire cuire à feu doux de préférence au four, environ 2 heures. Une demi-heure avant la fin de la cuisson, mettre les pommes épluchées et coupées en deux au milieu du chou.
Retirer la feuille de laurier, l'oignon avec le clou de girofle. Mélanger le chou et les pommes. Rectifier l'assaisonnement.
On peut aussi faire cuire le chou avec des marrons épluchés qu'on ajoute 1 heure et demi avant la fin de la cuisson.

Rotkraut mit Äpfeln

1 Kopf Rotkraut, 100 g Gänseschmalz oder Schweineschmalz, 100 g Räucherspeck, 1 Glas Rotwein, 1 Glas Weinessig, 1 Lorbeerblatt, 1 Gewürznelke, 2 große Reinetteäpfel, Salz, Pfeffer aus der Pfeffermühle.

Den Strunk und die groben Blattrippen des Rotkrauts entfernen, die Blätter waschen und in feine Streifen schneiden.
Das geschnittene Rotkraut in eine Schüssel geben und den Essig, das Salz, den Pfeffer und 1 Prise Zucker daruntermischen und 30 Minuten ziehen lassen.
Die Zwiebel kleinschneiden, den Speck in Würfel zerteilen und beides mit dem Gänse- oder Schweineschmalz in einem Topf anschwitzen. Das kurz abgetropfte Rotkraut zusammen mit dem Lorbeerblatt, der Gewürznelke (in eine Zwiebel gesteckt), Pfeffer und Salz dazufügen. Den Rotwein dazugießen.
Mit einem gut schließenden Deckel abdecken und bei schwacher Hitze – wenn möglich im Backofen – etwa zwei Stunden garen.
Eine halbe Stunde vor Ende der Garzeit die geschälten und halbierten Äpfel auf das Rotkraut verteilen.
Das Lorbeerblatt und die mit der Gewürznelke gespickte Zwiebel herausnehmen. Die Äpfel unter das Kraut mischen, abschmecken. Man kann das Rotkraut auch mit Eßkastanien zusammen kochen, die man 1½ Stunden vor Ende der Garzeit zu dem Kraut gibt.

Schmackhaft

Asperges

300 à 350 g d'asperges par personne, sel.

Peler et laver les asperges.

Les placer toutes dans le même sens et les ficeler par botillons de 500 g.

Les plonger dans l'eau bouillante salée en laissant les têtes hors de l'eau. Laisser bouillir 5 minutes puis coucher les asperges dans l'eau salée de façon qu'elles baignent en entier. Laisser cuire encore 15 minutes environ.

Le temps de cuisson dépend de leur grosseur et de leur fraîcheur.

Les égoutter sur un torchon après avoir retiré les ficelles ou dans un plat spécial à double fond.
Servir avec 3 sauces: mayonnaise, vinaigrette, mousseline.

C'est le pasteur Heyler, venu d'Algérie en 1873 qui introduisit la culture de l'asperge en Alsace, dans la petite ville de Hoerdt devenue depuis la «capitale de l'asperge».

Spargel

300 – 350 g Spargel pro Person, Salz.

Den Spargel schälen und waschen. Bündeln (jedes Bündel ungefähr 500 g) und zusammenschnüren.
In kochendes Salzwasser tauchen (die Spargelköpfe bleiben außerhalb des Wassers) und den Spargel in dieser Stellung fünf Minuten lang kochen. Dann den Spargel so in das kochende Wasser legen, daß er ganz davon bedeckt ist. Ungefähr 15 Minuten kochen lassen. Die Kochdauer hängt von der Spargeldicke und der Frische ab.
Den Spargel aus dem Wasser nehmen, die Bündel aufschneiden und die Spargelstangen auf einem Tuch abtropfen lassen. (Oder sie auf eine spezielle Spargelplatte mit doppeltem Boden legen.)
Mit drei Soßen auf den Tisch bringen: Mayonnaise, Vinaigrette-Soße, Mousseline-Soße.

Anmerkung: Es soll ein gewisser Pastor Heyler gewesen sein, der im Jahr 1873 nach seiner Rückkehr aus Algerien die Spargelpflanzungen in dem kleinen Städtchen Hoerdt einführte. Hoerdt ist heute die elsässische Spargelhauptstadt.

Succulent

Gratin de poireaux

6 gros poireaux, 1/2 l de lait, 50 g beurre, 50 g farine, 80 g de gruyère râpé, sel, poivre, noix de muscade.

Eplucher les poireaux. Oter la partie trop verte. Les laver, les couper en morceaux de 6 cm de long. Les faire cuire à l'eau bouillante salée 15 minutes environ. Les retirer, les égoutter, les dresser sur un plat à gratin beurré.
Dans une casserole, avec le beurre, la farine et le lait, faire une sauce béchamelle. Assaisonner de sel, de poivre et d'un peu de muscade râpé.
Verser cette sauce sur les poireaux, saupoudrer de gruyère râpé, faire cuire de nouveau au four pendant 20 minutes.
Le dessus du plat doit être bien gratiné.
On peut faire le même gratin avec des choux fleurs.

Purée de carottes

0,500 kg de pommes de terre, 1 kg 500 de carottes bien rouges, 1 oignon, sel, sucre, 125 g de crème, 2 jaunes d'oeufs, 80 g beurre.

Eplucher, laver et découper les carottes en rondelles épaisses. Les faire cuire 10 minutes à l'eau bouillante salée. Egoutter.

Lauchgratin

6 große Lauchstangen, 1/2 l Milch, 50 g Butter, 50 g Mehl, 80 g geriebener Schweizer Käse, Salz Pfeffer, Muskatnuß.

Den Lauch putzen, die grünen Blätter entfernen, waschen. In 6 cm Lange Stücke schneiden. Ungefähr 15 Minuten in Salzwasser kochen. Aus dem Wasser nehmen, abtropfen lassen und sie in eine feuerfeste, gebutterte Form legen.
In einem Topf aus Butter, Mehl und Milch eine Béchamelsoße zubereiten und sie mit Salz, Pfeffer und etwas Muskatnuß abschmecken.
Diese Soße über die Lauchstücke gießen, mit dem geriebenen Käse bestreuen und bei Mittelhitze etwa 20 Minuten im Backofen überbacken.
Die Oberfläche muß goldbraune Farbe angenommen haben.
Dasselbe Gratin kann mit Blumenkohl zubereitet werden.

Karottenpüree

500 g Kartoffeln, 1500 g Karotten, 1 Zwiebel, Salz, Zucker, 125 g Rahm, 2 Eigelb, 80 g Butter.

Die Karotten putzen, waschen, in dicke Scheiben schneiden und sie 10 Minuten in kochendem Salzwasser kochen. Abtropfen lassen.
In einem schweren Topf die Butter zum Schmelzen

Dans une casserole à fond épais, mettre le beurre, lorsqu'il est fondu, ajouter les carottes et l'oignon émincé. Couvrir.
Laisser étuver à petit feu jusqu'à ce que les carottes soient tendres. Les carottes ni le beurre ne doivent prendre couleur.
Pendant ce temps, faire cuire les pommes de terre à l'eau salée. Dès qu'elles sont cuites, les égoutter soigneusement.
Réunir les deux légumes et les réduire ensemble en purée en mouillant avec la crème chaude ajoutée par cuillères.
Fouetter pour rendre mousseux.
Ajouter une grosse noix de beurre et les jaunes d'oeufs délayés avec un peu de purée au moment de servir.
On peut servir ainsi en purée les navets, les choux blancs, la choucroute mélangés aux pommes de terre.

Nouilles fraiches

500 g de farine, 6 oeufs, sel, eau mesurée dans une demie coquille d'oeuf.

Disposer la farine en couronne sur une planche de façon à former un puits. Y placer le sel, les oeufs, l'eau. Mélanger à la fourchette puis travailler avec les mains. Pétrir et fraiser la pâte jusqu'â ce qu'elle soit bien lisse mais ferme. Mettre en boule et la laisser reposer recouverte d'un linge fin, pendant 1 heure.
Diviser alors la pâte en 4 boules. Etendre chaque

bringen und die Karotten und die zerkleinerte Zwiebel hineingeben. Zudecken und bei schwacher Hitze die Karotten weichdämpfen. Weder die Karotten, noch die Butter dürfen braun werden.
Unterdessen die geschälten Kartoffeln in Salzwasser kochen. Sind sie gar, werden sie abgeschüttet.
Kartoffeln und Karotten zu Püree verarbeiten und den erhitzten Rahm löffelweise untermischen.
Mit dem Schneebesen schaumigschlagen.
Kurz vor dem Auftragen ein tüchtiges Stück Butter und zwei (vorher mit etwas Püree vermischte) Eigelb unterziehen.
Man kann auf diese Art und Weise auch Rüben, Weißkraut und Sauerkraut zusammen mit Kartoffeln zu Püree verarbeiten.

Frische Nudeln

500 g Mehl, 6 Eier, Salz, Wasser (zum Messen benützt man eine halbe Eischale).

Das Mehl kreisförmig auf ein Backbrett sieben, in das so entstandene Loch das Salz, die Eier und eine halbe Eischale Wasser geben. Mit einer Gabel vermischen und dann mit den Händen verarbeiten. Den Teig durchkneten, bis er fest und geschmeidig ist. Zu einer Kugel zusammenrollen und mit einem Tuch bedeckt 1 Stunde ruhen lassen.

boule sur un torchon fariné en longs rectangles fins (1 à 2 mm d'épaisseur). Laisser sécher ces abaisses de pâte 1 heure environ.
Fariner chaque abaisse, la rouler sur elle-même et la détailler en lanières. Dérouler les rubans ainsi obtenus et les éparpiller sur un linge.
Les faire cuire en les jetant dans l'eau bouillante salée 6 à 8 minutes et les égoutter. Les mettre sur un plat chaud.
Faire dorer quelques petits croûtons de pain et quelques nouilles dans du beurre et verser le tout sur les nouilles prêtes à être servies.
L'eau dans laquelle on a cuit les nouilles peut servir à faire un bon potage: pour cela y ajouter 1 oeuf battu avec de la crème, du sel, du poivre et des croûtons de pain.

Gnocchi à l'alsacienne «Grumbeereknepfle»

10 pommes de terre, 3 oeufs entiers, 125 g farine, 50 cl de crème fraîche, 300 g de pain de mie, 100 g beurre, 100 g oignons, sel, poivre, muscade, 2 l d'eau salée bouillante.

Laver 5 pommes de terre, les cuire avec leur peau à l'eau salée. Les éplucher puis les passer au presse purée.

Die Teigkugel in vier Teile schneiden. Jedes Teil zu einer Kugel rollen und auf einem bemehlten Tuch zu langen , feinen (1-2 mm dick) Rechtecken ausrollen. Eine Stunde trocknen lassen.
Jedes Teigrechteck mit Mehl bestreuen, aufrollen und in dünne Streifen schneiden. Die so entstandenen Bänder entrollen und auf einem Tuch ausbreiten.
In kochendem Salzwasser 6-8 Minuten kochen, abtropfen und in einer angewärmten Schüssel anrichten.
Brotstückchen und einige ungekochte Nudeln in Butter anrösten und über die Nudeln in der Schüssel verteilen.
Das Nudelkochwasser kann zu einer guten Suppe verarbeitet werden, indem man ein in Rahm geschlagenes Ei, Salz, Pfeffer und geröstete Brotstückchen hineingibt.

„Grumbeereknepfle"

10 Kartoffeln, 3 ganze Eier, 125 g Mehl, 1/2 l frischer Rahm, 300 g Weißbrot, 100 g Butter, 100 g Zwiebeln, Salz, Pfeffer, Muskatnuß, 2 l kochendes Salzwasser.

5 Kartoffeln waschen und in der Schale in Salzwasser garkochen. Schälen und durch die Kartoffelpresse treiben.
Die restlichen Kartoffeln schälen und auf einer Käsereibe mit großen Löchern raspeln. In einem Tuch ausdrücken.

Eplucher le restant des pommes de terre et les râper sur une râpe à fromage à gros trous. Presser dans un torchon pour les sécher.
Mélanger les pommes de terre passées et les pommes de terre râpées. Ajouter la farine, les oeufs battus, le sel, le poivre, la muscade. Bien mélanger sans trop travailler.
Former avec vos mains farinées des quenelles longues en les roulant, les disposer sur un torchon fariné.
Mettre à bouillir 2 l d'eau salée, glisser les quenelles dans l'eau bouillante et laisser pocher 7 minutes environ.
Les retirer de l'eau, les égoutter, les disposer sur un plat creux.
Faire blondir les oignons hachés dans du beurre, ajouter la crème, puis de petits croûtons de pain dorés au beurre. Verser sur les quenelles.
Saupoudrer de morceaux de croûtons chauds.

Patés aux oignons «Schniderspattle»

Pâte à nouilles: 3 gros oignons, 50 g beurre, sel, 1 oeuf, poivre, pain pour croûtons.

Hacher les oignons. Les faire délicatement dorer dans le beurre. Saler, poivrer. Lier en ajoutant 1 oeuf.
Etaler très finement la pâte à nouilles au rouleau. La découper en petits carrés de 8 à 10 cm de côté.
Mettre une petite cuillère à soupe de farce sur un des

Die durchgetriebenen und die geraspelten Kartoffeln mischen. Mehl, die geschlagenen Eier, das Salz, den Pfeffer und die Muskatnuß dazufügen. Gut und schnell vermengen. Mit bemehlten Händen längliche Klöße formen und auf ein bemehltes Tuch legen.
2 Liter Salzwasser zum Kochen bringen, die Klöße in das kochende Wasser gleiten lassen und etwa 7 Minuten abkochen.
Aus dem Wasser nehmen, abtropfen lassen und in eine Schüssel legen. Die gehackten Zwiebeln in Butter gold anschwitzen, den Rahm dazugeben, danach die in Butter angerösteten Brotstückchen. Alles über die ,,Grumbeereknepfle" geben.

,,Schniderspattle" – Zwiebeltäschchen

Nudelteig
3 große Zwiebeln, 50 g Butter, Salz, 1 Ei, Pfeffer, Weißbrot.

Die Zwiebeln kleinhacken und sie vorsichtig in Butter anschwitzen. Salzen, pfeffern und mit einem Ei binden.
Den Nudelteig sehr fein auswellen und in kleine Quadrate zerschneiden (von 8–10 cm Seitenlänge).

côtés de chaque carré de pâte. Replier, fermer et souder à l'eau ou au blanc d'oeuf. Appuyer bien sur les bords.
Pocher les pâtes farcies dans de l'eau salée jusqu'à ce qu'elles surnagent. Les retirer, les égoutter.
Les disposer sur un plat. Faire dorer de petits croûtons dans du beurre, verser sur les pâtes.
On peut aussi arroser avec de la crème très chaude.

«Pfluta» aux pommes de terre

800 g de pommes de terre, 100 g farine, 3 jaunes d'oeufs, 1 cuillerée à café de persil, 1 poireau, 80 g beurre, 100 g crème fraîche, 100 g pain, sel, poivre du moulin.

Cuire les pommes de terre avec leur peau. Les peler chaudes, les écraser au presse purée. Assaisonner de sel et de poivre. Ajouter les jaunes d'oeufs, la farine et persil, le blanc du poireau haché. Bien mélanger.
Avec une cuillère à soupe, mouler des boulettes allongées en forme de gros oeufs. Les pocher à l'eau bouillante salée, 5 minutes environ et dresser sur un plat chaud.
Faire dorer les croûtons dans du beurre, Verser sur les «Pfluta».

Einen schwachen Eßlöffel Fülle auf jede Hälfte der Quadrate verteilen, zuklappen und mit Wasser oder Eiweiß gut verschließen. Die Ränder gut andrükken.
Die gefüllten Täschchen in kochendem Salzwasser so lange kochen, bis sie an die Wasseroberfläche kommen. Herausnehmen, abtropfen lassen. Auf eine vorgewärmte Schüssel legen.
Kleine Brotstückchen in Butter goldbraun rösten und über die ,,Schniderspattle" verteilen.
Man kann sie auch mit heiß gemachtem Rahm begießen.

,,Pflute" aus Kartoffeln

800 g Kartoffeln, 100 g Mehl, 3 Eigelb, 1 Teel. gehackte Petersilie, 1 Stange Lauch, 80 g Butter, 100 g frischer Rahm, 100 g Weißbrot, Salz, Pfeffer aus der Pfeffermühle.

Die Kartoffeln in der Schale abkochen. Sie heiß schälen und durch die Kartoffelpresse treiben. Mit Salz und Pfeffer abschmecken. Die Eigelb, das Mehl und die Petersilie zusammen mit dem gehackten Lauch (nur den weißen Teil der Lauchstange verwenden) dazugeben und gut untermischen.
Mit einem Suppenlöffel eigroße längliche Klöße formen und sie in kochendem Salzwasser etwa 5 Minuten abkochen. Abtropfen und auf einer gewärmten Schüssel anrichten.

Faire chauffer la crème, en napper le tout.
Servir avec une compote de pommes ou une salade verte.

Noques aux pommes de terre

1 kg pommes de terre, 1 gros oignon, 2 oeufs, 1 verre d'huile, persil, sel fin, poivre, noix de muscade.

Laver et éplucher les pommes de terre. Les râper avec une râpe moyennement fine. Bien les égoutter. Les essorer avec un torchon.
Ajouter l'oignon hâché, les oeufs, le persil hâché , le sel, le poivre. Mélanger.

Dans une grande poêle faire chauffer l'huile. Y disposer la préparation par petits tas en forme de galettes plates.

Laisser dorer d'un côté, puis retourner les galettes. Elles doivent être croustillantes des 2 côtés.
Les égoutter et les dresser sur un plat. Servir très chaud.

Brotstückchen in Butter anrösten und über die ,,Pflute" streuen. Den Rahm erhitzen und über das Ganze gießen.
Mit Apfelkompott oder grünem Salat auf den Tisch bringen.

Kartoffelpuffer – Kartoffelküchlein

Wie im Paradies

1000 g Kartoffeln, 1 große Zwiebel, 2 Eier, 1 Glas Öl, Petersilie, feines Salz, Pfeffer, Muskatnuß.

Die Kartoffeln waschen, schälen und sie auf einer mittelfeinen Reibe raspeln. Gut abtropfen lassen und sie in einem Tuch so gut wie möglich abtrocknen.
In eine Schüssel geben, die gehackte Zwiebel, die Eier, die gehackte Petersilie, das Salz und den Pfeffer dazugeben und gut vermischen.
Öl in einer großen Pfanne erhitzen. Aus der Kartoffelmasse flache Küchlein formen und auf beiden Seiten knusprig braun braten. Das Fett abtropfen lassen.
Die Puffer auf einer gewärmten Platte anrichten. Sehr heiß zu Tisch bringen.

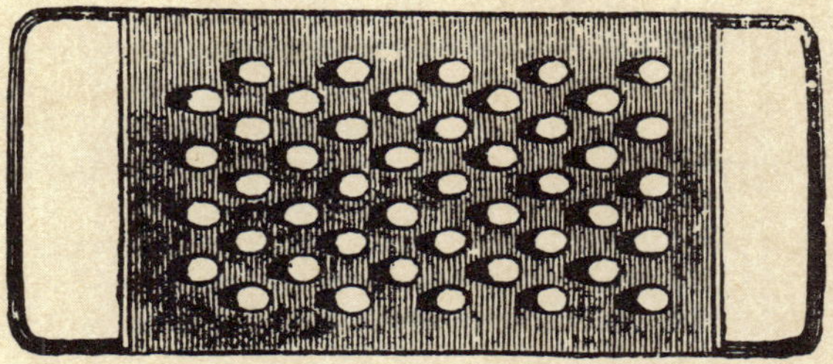

Il faut le manger pour le croire

Pommes de terre des marcaires vosgiens «Röigabraggelti»

800 g beurre frais, 2 kg pommes de terre, 1 kg d'oignons, sel, poivre.

Eplucher les pommes de terre, les couper en rondelles.
Dans le fond d'une grande cocotte en fonte, étaler une épaisse couche de beurre frais, recouvrir d'une couche de pommes de terre coupées en rondelles, puis d'une couche d'oignons émincés grossièrement, puis une nouvelle couche de pommes de terre recouverte de beurre.
Alterner ainsi les couches d'oignons, de pommes de terre et de beurre. Terminer par une couche de pommes de terre recouverte de beurre.
Assaisonner chaque couche de pommes de terre.
Fermer la cocotte avec son couvercle. L'enfouir dans les cendres et braises presque éteintes d'un feu de bois, dans une cheminée. Mettre des cendres chaudes sur le couvercle également.
Laisser cuire 3 heures très lentement.
Avant de servir, mélanger bien le contenu de la cocotte en remuant avec deux grosses cuillères.

Ce plat constituait à lui seul le repas des marcaires (les fromagers) de la vallée de Munster. Aujourd'hui, on peut le déguster dans les fermes-auberges des Vosges.
Quelques marcaires ajoutent des lamelles de lard dans la cocotte et du vin blanc.

Kartoffeln nach Vogesenart – „Röigebraggelti“

800 g frische Butter, 2000 g Kartoffeln, 1000 g Zwiebeln, Salz, Pfeffer.

Die Kartoffeln schälen und in Scheiben schneiden.
In einer großen, gußeisernen Pfanne die frische Butter dick auf den Boden streichen, eine Schicht der in Scheiben geschnittenen Kartoffeln darauf verteilen, danach eine Schicht der grob gehackten Zwiebeln, gefolgt von einer Schicht Kartoffeln, die man wieder dick mit Butter bestreicht. Abwechselnd eine Schicht Zwiebeln, Kartoffeln, Butter in die Pfanne einschichten, jede Kartoffelschicht salzen und pfeffern und mit einer butterbestrichenen Kartoffelschicht abschließen.
Die Pfanne mit dem Deckel bedecken und in die fast erloschene Glut und die Asche eines Holz- oder Kaminfeuers schieben. Darauf achten, daß auch der Deckel mit Asche bedeckt ist. Drei Stunden garen.
Vor dem Auftragen mit zwei großen Löffeln den Pfanneninhalt gut vermischen.

Anmerkung: Dieses Gericht war eine Hauptmahlzeit der Senner im Münstertal. Man kann es heute in den „fermes-auberges“ (Bauernhöfe, die Gäste zum Mittag- oder Abendessen annehmen) in den Vogesen bekommen. Manche fügen noch kleingeschnittenen Speck und Weißwein zu der Kartoffel-Zwiebelmasse.

Poissons et crustacés
Fische und Schalentiere

Truite aux amandes

6 truites de 180 à 200 g, 150 g beurre et 1 cuillerée d'huile, 100 g d'amandes effilées, 50 g farine, sel, poivre.

Vider les truites, les laver à l'eau courante, les saler, les poivrer à l'intérieur et à l'extérieur. Les passer dans le lait puis dans la farine.
Faire chauffer la moitié du beurre et l'huile dans une grande poêle.
Faire dorer les truites sur les deux faces, les laisser cuire doucement pendant 20 minutes.
Beurrer un plat long, y déposer les truites.
Ajouter dans la poêle le reste du beurre, y faire dorer les amandes régulièrement.
Verser les amandes et le beurre sur les truites.
Servir avec jus de citron.

Réservé aux gourmets !

Truite au Riesling

6 truites, 30 g échalotes, 25 cl crème épaisse, 80 g beurre, 2 verres de Riesling, 70 g farine, sel, poivre du moulin.

Vider, laver, égoutter les truites.
Beurrer et saler le fond d'un plat long et creux. Parse-

Forelle mit Mandeln

Forellen von 180–200 g, 150 g Butter, 1 Eßl. Öl. 100 g blättrig geschnittene Mandeln, 50 g Mehl, Salz, Pfeffer.

Die Forellen ausnehmen, unter fließendem Wasser waschen, innen und außen salzen und pfeffern. Durch Milch ziehen und in Mehl wenden.
Die Hälfte der Butter und das Öl in einer großen Pfanne erhitzen. Die Forellen auf beiden Seiten darin anbraten; danach 20 Minuten lang auf kleinem Feuer garen lassen.
Eine längliche Platte ausbuttern und die gebratenen Forellen darauf legen. Warm halten.
Die restliche Butter in die Pfanne geben, die Mandeln darin anrösten. Sie müssen eine schöne, gleichmäßige Goldfarbe annehmen.
Die Butter und die Mandeln über die Forellen verteilen.
Mit Zitronensaft auf den Tisch bringen.

Forelle in Riesling

6 Forellen, 30 g Schalotten, $^{1}/_{4}$ l saurer Rahm, 80 g Butter, 2 Gläser Riesling, 70 g Mehl, Salz, Pfeffer aus der Pfeffermühle.

Die Forellen ausnehmen, waschen, abtrocknen. Eine längliche, feuerfeste Schale ausbuttern. Mit den

mer le fond avec les échalotes finement hâchées. Disposer les truites au fond du plat sur les échalotes, saler et poivrer les truites à l'intérieur.
Ajouter le Riesling, couvrir avec du papier sulfurisé beurré.
Mettre sur le feu pas trop vif, jusqu'au premier bouillon. Puis enfourner dans un four chaud 4 à 10 minutes.
Sortir du four, enlever délicatement la peau des truites et les disposer dans un plat de service. Tenir au chaud et couvert d'un papier.
Preéparer la sauce: Passer le jus de cuisson et le mettre dans une casserole sur feu moyen, le lier avec un beurre manié (70 g beurre malaxé avec 70 g de farine).
Ajouter la crème.
Vérifier l'assaisonnement et la consistance (onctueuse).
Verser la sauce sur les truites. Servir.

Brochet de l'Ill au Riesling

1 brochet de 2,5 à 3 kg, 100 g beurre, 100 g échalotes, queues de persil, thym, 1 feuille de laurier, 1/2 bouteille de Riesling, le jus d'un citron, 30 cl crème fraîche.

Vider, écailler, laver et éponger le brochet, assaisonner le de sel et poivre.
Beurrer un plat long, parsemer le fond avec les échalotes finement hâchées, les queues de persil, un peu de thym, une feuille de laurier.

feingehackten Schalotten bestreuen und darüber die Forellen legen. Das Innere der Forellen salzen und pfeffern.
Den Riesling dazugeben und mit einem gebutterten Pergamentpapier abdecken.
Auf nicht zu lebhaftem Feuer zum Kochen bringen und nach dem ersten Aufwallen 4–10 Minuten in den gut heißen Backofen schieben.
Aus dem Ofen nehmen, behutsam die Haut von den Forellen entfernen und die Fische auf einer Platte warmhalten. Mit einem Papier abdecken.
Um die Soße zuzubereiten: die Kochbrühe durchsieben und sie in einem Topf bei mittlerer Hitze erhitzen. Mit Mehlbutter binden (70 g Butter mit 70 g Mehl zu einer geschmeidigen Paste verarbeiten). Den Rahm dazugeben. Abschmecken und auf die richtige Dicke der Soße achten (sie muß sahnig sein).
Die Soße über die warmgehaltenen Forellen gießen und zu Tisch bringen.

Illhecht in Riesling

Hecht von 2,5–3 kg, 100 g Butter, 100 g Schalotten, Petersilienstengel, Thymian, Lorbeerblatt, 1/2 Flasche Riesling, Saft von 1 Zitrone, 30 cl Rahm.

Den Hecht ausnehmen, schuppen, waschen und abtrocknen. Mit Salz und Pfeffer würzen. Eine längliche, feuerfeste Platte ausbuttern, mit den feingehackten Schalotten, den Petersilienstengeln, etwas Thymian, dem in Stückchen gebrochenen Lorbeerblatt ausstreuen.

Mouiller avec le vin. Faire cuire à four chaud 30 minutes. Arroser souvent le poisson.
Retirer le plat du four, ajouter la crème, remettre au four 5 à 10 minutes.
La cuisson terminée, disposer le brochet sur un plat long. Tenir au chaud. Passer la sauce dans une casserole, rectifier l'assaisonnement. Ajouter le jus de citron. Lier avec du beurre frais si elle n'est pas assez onctueuse.
Napper le brochet avec la sauce.

Carpe à l'alsacienne à la gelée (carpe à la juive)

1 carpe de 1500 kg, 3 cuillerées à soupe d'huile, 2 oignons moyens, 1 échalote, 1 cuillerée à soupe de farine, 2 gousses d'ail, 1 bouquet garni, persil, sel, poivre du moulin, $^{1}/_{2}$ l de vin blanc d'Alsace, $^{1}/_{2}$ l d'eau.

Ecailler, laver le poisson. Couper en tronçons de 2 cm d'épaisseur. Réserver la laitance s'il y en a dans la carpe.

Hacher oignons et échalotes.

Dans un fait-tout faire chauffer l'huile, mettre les oignons et l'échalote hâchés et les faire revenir sans colorer.

Ajouter l'ail hâché très fin puis la farine et laisser doucement blondir. Ajouter un peu de persil hâché puis les morceaux de carpe.

Den Hecht hineinlegen, den Riesling darübergießen.
Dreißig Minuten unter häufigem Begießen in heißem Ofen garen.
Aus dem Ofen nehmen, den Rahm dazugeben und nochmals 5–10 Minuten in den Ofen schieben.
Danach den Hecht vorsichtig auf eine vorgewärmte Platte geben. Warmstellen.
Die Soße durchseihen, in einen Topf geben, nachwürzen, den Zitronensaft dazufügen. Ist sie nicht sahnig genug, mit frischer Butter binden.
Die Soße über den Hecht gießen.

Karpfen in Aspik auf elsässische Art (jüdisches Rezept)

Karpfen von 1500 g, 3 Eßl. Öl, 1 Schalotte, 2 mittelgroße Zwiebeln, 1 Eßl. Mehl, 2 Knoblauchzehen, 1 Bündel Kräuter (Petersilie, Thymian, 1 Lorbeerblatt), Salz, Pfeffer aus der Pfeffermühle.
$^{1}/_{2}$ l Elsässer Wein, $^{1}/_{2}$ l Wasser.

Den Fisch schuppen und waschen. In 2 cm dicke Scheiben schneiden. Je nach Belieben die Fischeier aufbewahren; (nicht wegwerfen, es wäre schade!)
Zwiebeln und Schalotten hacken. In einem Topf das Öl erhitzen, die gehackten Zwiebeln und Schalotten darin anschwitzen. Sie dürfen keine Farbe annehmen.
Den sehr fein gehackten Knoblauch dazugeben, dann das Mehl hinzufügen und vorsichtig goldfarben werden lassen.

Comme un rêve.

Mouiller avec le vin puis l'eau chaude (ou du bouillon de poisson). Saler, poivrer, ajouter le bouquet garni.
Couvrir et laisser mijoter $^1/_2$ heure environ.
Dix minutes avant la fin de la cuisson, ajouter les laitances.
Sortir les morceaux de carpe, les égoutter et les disposer dans un plat creux en reconstituant la carpe; disposer les laitances autour de la carpe.
Passer le jus de cuisson dans une casserole. Faire bouillir pour réduire à peu près de moitié. Ajouter du persil hâché.
Napper les morceaux de carpe avec cette sauce.
Laisser refroidir. La sauce prend en gelée.
Servir froid.

Carpe frite du Sundgau

1 belle carpe, 3 oeufs, 100 g farine, sel, poivre, huile à friture.

Vider, laver, écailler, couper en tronçons une belle carpe.
Dans une assiette creuse, battre les oeufs en omelette, saler, poivrer.
Essuyer chaque tronçon de carpe et le frotter sur toutes ses faces avec la farine. Tremper dans les oeufs battus.

Etwas gehackte Petersilie daruntermischen und dann den in Stücke geschnittenen Fisch.
Mit dem Wein und dem heißen Wasser (oder Fischbrühe) ablöschen, zugedeckt eine halbe Stunde köcheln lassen.
Zehn Minuten vor dem Garsein die Fischeier in den Topf geben. Die Karpfenstücke aus dem Topf nehmen, abtropfen und sie auf einer vertieften Platte in Fischform anrichten. Mit den Fischeiern umlegen.
Die Kochbrühe in einen Topf durchseihen und einkochen (etwa auf die Hälfte) lassen. Gehackte Petersilie dazugeben.
Die Karpfenstücke mit dieser Soße übergießen. Erkalten lassen. Die Soße geliert beim Abkühlen.
Kalt servieren.

Fritierter Karpfen aus dem Sundgau

1 schöner Karpfen, 3 Eier, 100 g Mehl, Salz, Pfeffer, Öl zum Fritieren.

Einen schönen Karpfen ausnehmen, schuppen, waschen und in Scheiben schneiden.
In einem Suppenteller die Eier gründlich mit einer Gabel schlagen, salzen, pfeffern.
Jedes Karpfenstück sorgfältig abtrocknen, und überall sorgfältig in Mehl wenden.
In die geschlagenen Eier tauchen.

Faire frire les tronçons dans la bassine à friture, dans l'huile très chaude. Les laiser dorer.
Servir avec du citron.

On remplace quelquefois la farine par de la semoule.

In einer Fritierpfanne in sehr heißem Öl knusprig goldbraun ausbacken.
Gut heiß mit Zitronenscheiben auf den Tisch bringen.

Anmerkung: Im Sundgau verwendet man manchmal Grieß anstelle des Mehls.

Gefüllter Karpfen

1 Karpfen von 2000 g
Fülle: 200 g Weißbrot, 100 g frische Champignons, 3 Schalotten, 2 Zwiebeln, frischer Thymian, Petersilie, 2 Eßl. frischer Rahm, 1 Ei, 50 g Butter, Salz, Pfeffer, geriebene Muskatnuß.
Zum Kochen: 2 Karotten, 1 Zwiebel, 1 Selleriestange, 1 Kräuterbündel, 3 Pfefferkörner, 1 Flasche Elsässer Wein, 40 g Butter, 40 g Mehl.

Den Karpfen ausnehmen, schuppen, waschen. Die Haut abziehen. Die Fülle vorbereiten. Dazu das Brot in Milch einweichen. Die Schalotten und die Zwiebeln (fein gehackt), den gehackten Thymian und die Petersilie in Butter anschwitzen.
Den Topf vom Feuer nehmen und das eingeweichte, gut ausgedrückte Brot, das Ei, den Rahm, Salz, Pfeffer und Muskatnuß daruntermischen. Gut vermengen und den Karpfen damit füllen. Die Öffnung gut verschließen.

Carpe farcie

1 carpe de 2 kg
Farce: 200 g mie de pain, 100 g champignons frais, 3 échalotes, 2 oignons, thym frais, persil, 2 cuillerées de crème fraîche, 1 oeuf, 50 g beurre, sel, poivre, noix de muscade.
Cuisson: 2 carottes, 1 oignon, 1 branche de céléri, 1 bouquet garni, 3 grains de poivre, 1 bouteille de vin blanc d'Alsace, 40 g beurre, 40 g farine.

Ecailler, vider, laver la carpe. Enlever la peau.
Préparer la farce. Faire tremper la mie de pain dans le lait. Faire étuver dans le beurre les échalotes, les oignons finement hachés, les herbes hachées et les champignons.
Ajouter hors du feu la mie de pain bien essorée, l'oeuf, la crème, le sel, le poivre, un soupçon de noix de muscade râpée. Bien mélanger et en remplir la carpe hermétiquement.
Placer la carpe dans un grand plat creux beurré au fond duquel on mettra des rondelles de carottes, d'oignons et de céléri, puis le bouquet garni et les grains de poivre.
Mettre au four pour prendre un peu couleur. Mouiller alors avec le vin en arrosant assez souvent.
Sitôt la carpe cuite (30 minutes environ) la sortir du four, la mettre sur un plat, la tenir au chaud.
Faire réduire la jus de cuisson, le lier au beurre manié. Vérifier l'assaisonnement. Napper la carpe avec cette sauce.
Entourer la carpe de choucroute braisée et garnir de pommes de terre cuites à l'eau.

Den Karpfen in eine ausgebutterte, große, feuerfeste Schüssel geben, deren Boden man mit den zerkleinerten Karotten und der Selleriestange ausgelegt hat. Auf den Fisch kommen das Kräuterbündel und die Pfefferkörner.
Im Ofen etwas Farbe annehmen lassen. Dann mit dem Wein ablöschen und ungefähr 30 Minuten unter häufigem Begießen garen.
Ist der Fisch gar, nimmt man die Schüssel aus dem Ofen und legt ihn vorsichtig auf eine tiefe Platte, die warmzustellen ist.
In einem Topf die Kochbrühe einkochen und mit Mehlbutter binden. Abschmecken. Die Soße über den Karpfen gießen.
Den Karpfen mit gedämpftem Sauerkraut umlegen und Salzkartoffeln dazu reichen.

Nicht belegt

Matelote de poissons au vin blanc

2 kg de poissons d'eau douce: brochets, perches, truites et surtout anguilles, $^1/_2$ l de Riesling, persil, 2 oignons, 1 feuille de laurier, 2 carottes, 2 poireaux, noix de muscade, 2 gousses d'ail, thym, 80 g beurre, 60 g farine, $^1/_4$ l crème fraîche, 250 g champignons, 4 oeufs, estragon.

Vider, laver, écailler, égoutter et couper les poissons en tronçons.
Préparer d'abord le fumet de poissons.
Dans une casserole, mettre 2 l d'eau, les oignons, l'ail, les carottes, les poireaux émincés, les queues de persil, l'estragon, le laurier, le thym, le sel, le poivre, un peu de noix de muscade. Mettre les têtes des poissons. Laisser mijoter 30 minutes. Passer le fumet.
Dans un fait-tout, préparer le court bouillon:
Y verser 1 litre $^1/_2$ du fumet de poissons, le vin. Faire bouillir, ajouter d'abord les morceaux d'anguille (la cuisson étant plus longue) de brochet, de tanche, de perche et ensuite de truite. Saler, poivrer. (Les morceaux de poissons étant tenus au chaud sur un plat) Laisser mijoter 20 minutes environ.
Pendant cette cuisson faire un roux blanc avec le beurre et la farine. Remuer en ajoutant peu à peu le court bouillon passé.
Laisser frémir pour réduire cette sauce pendant 10 minutes.
Au dernier moment lier la sauce avec le mélange crème et jaunes d'oeufs.

Matelote (Fischragout) mit Weißwein

2000 g Süßwasserfische (Hecht, barsch, Forelle und vor allem Aal), $^1/_2$ l Riesling, Petersilie, 2 Zwiebeln, 1 Lorbeerblatt, 2 Karotten, 2 Stengel Lauch, geriebene Muskatnuß, 2 Knoblauchzehen, Thymian, 80 g Butter, 60 g Mehl, $^1/_4$ l frischer Rahm, 4 Eier, Estragon, 250 g Champignons.

Die Fische ausnehmen, waschen, schuppen, abtrocknen und in Stücke schneiden.

Zuerst die Fischbrühe zubereiten. In einen Topf 2 l Wasser, die Zwiebeln, den Knoblauch, die Karotten, den Lauch (alles zerkleinert), die Petersilienwurzeln, den Estragon, das Lorbeerblatt, den Thymian, das Salz, den Pfeffer und etwas geriebene Muskatnuß geben. Die Fischköpfe dazufügen. Dreißig Minuten leise kochen lassen. Durchseihen.

In einem großen Topf die Kochbrühe anrichten: 1 $^1/_2$ l Fischbrühe und den Riesling aufkochen lassen, dann die Aalstücke hineingeben (sie brauchen die längste Kochzeit), dann Hecht, Schleie, Barsch und zum Schluß die Forelle. Salzen, pfeffern. Ungefähr zwanzig Minuten vorsichtig garen, dann die Fischstücke herausnehmen und warmstellen.

Während der Garzeit der Fische aus dem Mehl und der Butter eine helle Mehlschwitze zubereiten. Unter ständigem Rühren nach und nach die durchgeseihte Kochbrühe dazugeben. Die Soße 10 Minuten auf kleinem Feuer einkochen lassen. Im letzten Augen-

Rectifier l'assaisonnement.
Napper les morceaux de poisson avec cette sauce. Garnir avec des croûtons frits au beurre et des champignons revenus au beurre.
La matelote se sert accompagnée des nouilles fraîches à l'alsacienne.

Filet de sandre à la crème

1 kg filets de sandre, 80 g beurre, 6 échalotes, ciboulette, 3 verres de Riesling, 3 cuillerées à soupe de crème fraîche.

Hâcher les échalotes et la ciboulette.
Parsemer le fond d'un plat creux beurré avec les échalotes et la ciboulette.
Y coucher les filets de sandre, mouiller avec le vin. Saler, poivrer.
Faire cuire à four moyen environ 20 minutes en arrosant.
Après cuisson, disposer les filets sur un plat et tenir au chaud.
Dans une casserole, verser le jus de cuisson des filets avec les échalotes.
Ajouter la crème, lier avec le jaune d'oeuf. Rectifier l'assaisonnement.
Passer la sauce et la verser sur les filets de sandre. Servir chaud avec des nouilles à l'alsacienne.

blick die Soße mit der Eigelb-Rahmmischung abbinden. Abschmecken.
Die Fischstücke mit dieser Soße übergießen. Mit in Butter gerösteten Brotstückchen garnieren und mit den in Butter gedünsteten Champignons anrichten.
Man reicht dazu frische Nudeln, auf Elsässer Art zubereitet.

Zanderfilet in Rahmsoße

1000 g Zanderfilets, 80 g Butter, 6 Schalotten, Schnittlauch, 3 Gläser Riesling, 3 Eßlöffel frischen Rahm.

Die Schalotten und den Schnittlauch kleinhacken. Eine feuerfeste Schale ausbuttern und mit den zerkleinerten Schalotten und dem Schnittlauch bestreuen.

Die Zanderfilets hineinlegen, mit dem Wein übergießen, salzen, pfeffern.

Bei Mittelhitze im Backofen unter häufigem Begießen zwanzig Minuten garen.
Danach die Filets auf einer Platte anrichten und warmstellen. Die Kochbrühe in einen Topf schütten (mitsamt den Schalottenstückchen); den Rahm dazugeben und mit dem Eigelb abbinden. Abschmecken. Die Soße durchseihen und über die Filets gießen. Heiß auf den Tisch bringen. Man reicht Nudeln auf elsässiche Art dazu.

Ecrevisses des Vosges

72 écrevisses, 150 g carottes, 50 g échalotes, 100 g oignons, un bouquet garni (thym, laurier, estragon, persil), 1 bouteille de vin d'Alsace (Sylvaner ou Edelzwicker), 50 g de céléri, 80 g beurre, 1 pointe de poivre de Cayenne, sel, poivre du moulin, poivres en grains, 2 cuillerées à soupe de Kirsch, quelques graines de cumin.

Emincer finement les carottes, les oignons, les échalotes, le céléri. Les faire étuver à couvert avec le beurre pendant 20 minutes, à feu doux, ne pas laisser colorer.

Ajouter le vin, le bouquet garni, tous les aromates, le kirsch et un verre d'eau. Cuire ce court-bouillon pendant 30 minutes environ.

Laver soigneusement les écrevisses, les châtrer, (c'est à dire pincer l'écaille centrale de la queue de l'écrevisse en tirant pour enlever le boyau noir).

Jeter les écrevisses dans le court-bouillon. Les faire cuire rapidement à couvert environ 10 minutes.

La cuisson est achevée lorsque les écrevisses sont d'un beau rouge.

Servir les écrevisses tièdes dans leur cuisson.

Vogesenkrebse

72 Krebse, 150 g Karotten, 50 g Schalotten, 100 g Zwiebeln, 1 Kräuterbündel (Thymian, Lorbeerblatt, Estragon, Petersilie), 1 Flasche Elsässer Wein (Sylvaner oder Edelzwicker), 80 g Butter, 1 Messerspitze Cayennepfeffer, 50 g Sellerie, Salz, Pfeffer aus der Pfeffermühle, Pfefferkörner, 2 Eßl. Kirschwasser, einige Kümmelkörner.

Karotten, Zwiebeln, Sellerie und Schalotten fein schneiden und 20 Minuten in Butter bei leisem Feuer anschwitzen. Keine Farbe annehmen lassen.
Den Wein dazugießen, das Kräuterbündel, alle Gewürze und das Kirschwasser mit einem Glas Wasser dazufügen und das Ganze etwa 30 Minuten kochen lassen.
Die Krebse sorgfältig waschen. Den schwarzen Darm entfernen: zu diesem Zweck die Mittelschuppe des Krebsschwanzes mit einer Zange unter Ziehen entfernen.
Die Krebse in den vorbereiteten Sud geben und sie zugedeckt ungefähr 10 Minuten kochen.
Die Krebse sind gar, wenn sie eine schöne rote Farbe angenommen haben.
Die Krebse lauwarm im Sud auf den Tisch bringen.

Volailles
Geflügel

L'oie farcie de la St. Martin

1 oie de 3 kg, 2 kg de choucroute, 250 g de lard de poitrine demi-sel, 2 cuillerées à soupe de graisse d'oie, 2 clous de girofle, 10 baies de genièvre, 2 oignons, sel, poivre, 1 bouteille de Riesling, 8 tranches de lard de poitrine fumé, 1 saucisson à cuire.
Farce: 200 g de foies de volailles, 80 g de jambon de Paris, 100 g de mie de pain trempée dans du lait, 2 échalotes, 1 oeuf, 25 g beurre.

Laver la choucroute à l'eau froide, l'égoutter soigneusement.

Dans une cocotte contenant la graisse d'oie, faire fondre doucement les oignons émincés. Ajoutez la choucroute, le lard demi-sel, les épices, le vin. Couvrir et laisser cuire à petit feu 3 heures.

Das une casserole, faire revenir au beurre les échalotes hachées, les foies de volaille et le jambon finement hachés, lier avec la mie de pain essorée et l'oeuf. Saler, poivrer. Bien mélanger la farce.

Garnir de cette farce l'intérieur de l'oie. Recoudre. Brider l'oie. Mettre l'oie dans un plat allant au four. La badigeonner de graisse d'oie. Saler, poivrer.

Faire cuire à four moyen en arrosant souvent, environ 1 heure 45. L'oie doit être bien dorée.

A mi-cuisson, recueillir la graisse rendue par l'oie, l'ajouter à la choucroute et la remplacer par un verre d'eau chaude versée au fond du plat.

Une heure avant la fin de la cuisson de la choucroute incorporer le saucisson et le lard fumé.

Dresser la choucroute avec sa garniture sur un plat

Die gefüllte Martinsgans

1 Gans von 3000 g, 2000 g Sauerkraut, 250 g gesalzener, roher Speck, 2 Eßl. Gänseschmalz, 2 Gewürznelken, 10 Wacholderbeeren, 2 Zwiebeln, Salz, Pfeffer, 1 Flasche Riesling, 8 Scheiben Räucherspeck, 1 Kochwurst (geräuchert).
Fülle: 200 g Geflügelleber, 80 g gekochter Schinken (wenn möglich nach Pariser Art), 100 g in Milch eingeweichtes Weißbrot, 2 Schalotten, 1 Ei, 25 g Butter.

Das Sauerkraut in kaltem Wasser waschen, sorgfältig abtropfen. In einem Topf in Gänsefett die klein geschnittenen Zwiebeln anschwitzen, das Sauerkraut, den gesalzenen rohen Speck, die Gewürze, den Wein dazufügen und zugedeckt bei schwacher Hitze drei Stunden leicht schmoren lassen.

In einem anderen Topf die Geflügellebern, die gehackten Schalotten, den fein geschnittenen Schinken in Butter anschmoren, mit dem ausgedrückten Weißbrot und dem Ei vermengen; salzen, pfeffern. Die Fülle gut durcharbeiten.

Das Innere der Gans mit dieser Mischung füllen. Die Gans zunähen und mit Speckstreifen belegen.

Die Gans in eine feuerfeste Form legen und mit Gänseschmalz bepinseln. Salzen, pfeffern.

Bei Mittelhitze unter häufigem Begießen 1 Stunde 45 Minuten im Ofen goldbraun braten.

Ist die Gans halb gar, das Fett abschöpfen und dem Sauerkraut beigeben. Ein Glas heißes Wasser nachgießen.

C'est le paradis

chaud, poser l'oie découpée au centre du plat, arroser du jus recueilli lors du découpage.

Le 11 novembre jour de la Saint-Martin était une très grande fête en Alsace. La tradition de servir une oie farcie le jour de la Saint-Martin se perd dans la nuit des temps.

A la place de choucroute, on sert quelquefois des marron entiers pelés qu'on a fait cuire dans le jus de l'oie. On peut aussi ajouter des marrons à la farce.

Le coq au Riesling

1 coq de 1 kg 200 à 1 kg 500, 50 g de beurre, 2 cuillerées à soupe d'huile, 4 échalotes, thym, ¼ litre de Riesling, 1 gousse d'ail, 200 g de champignons (de préférence mousserons des prés), 100 g de crème épaisse, sel, poivre.

Découper le coq en quartiers. Saler, poivrer.
Dans une cocotte, faire chauffer le beurre et l'huile, y mettre les morceaux de coq. Laisser doucement dorer les morceaux de tous les côtes. Les retirer sur un plat.
Dans la même cocotte faire suer les échalotes finement hachées, l'ail écrasé.

Eine Stunde, bevor das Sauerkraut gar ist, die Kochwurst und den Räucherspeck in den Sauerkrauttopf geben.
Das Sauerkraut mit seinen Fleischbeilagen auf einer erwärmten Platte anrichten und die zerschnittene Gans in der Mitte aufhäufen. Mit dem während des Zerteilens ausgelaufenen Bratensaft begießen.

Anmerkung: Der 11. November, der Martinstag, wurde im Elsaß früher festlich begangen. Schon seit undenklichen Zeiten wird an diesem Tag eine gefüllte Gans auf den Tisch gebracht.
Statt des Sauerkrauts reicht man manchmal auch ganze, geschälte Eßkastanien, die man in dem aus der Gans fließenden Saft im Ofen mitkocht. Man kann auch Eßkastanien zur Fülle verwenden.

Hahn in Riesling

1 Hahn von 1200 bis 1500 g Gewicht, 50 g Butter, 2 Eßl. Öl, 4 Schalotten, 1 Zweiglein Thymian, ¼ l Riesling, 1 Knoblauchzehe, 200 g Champignons (nach Möglichkeit auch Ritterlinge), 100 g saurer Rahm, Salz, Pfeffer.

Den Hahn in vier Teile schneiden, salzen, pfeffern.
In einem Topf Butter und Öl erhitzen, die Hahnviertel hineingeben und auf allen Seiten sachte anbraten.
Sie herausnehmen und auf einer Schüssel warmhalten.
In dem gleichen Topf die kleingehackten Schalotten

Remettre les morceaux de coq. Mouiller avec le vin, ajouter le thym et les champignons frais un peu émincés.
Laisser mijoter de 30 à 40 minutes.
Retirer les morceaux de coq, les mettre sur un plat tenu au chaud.
Passer et laisser un peu réduire le jus de cuisson, le lier avec la crème. (si la sauce n'est pas assez onctueuse, ajouter un peu de beurre manié) Rectifier l'assaisonnement.
Faire réchauffer les morceaux de coq dans cette sauce et dresser sur le plat le coq et la sauce.

Certains cuisiniers flambent le coq avec du cognac ou avec de l'eau de vie de prunelle avant d'ajouter le vin. Mais les ménagères craignent, elles, la saveur un peu «brutale» de l'alcool.

Coq à la bière

1 coq de 1 kg 5 à 2 kg environ, 1 bouteille de bière blonde 33 cl, 150 g crème fraîche épaisse, 250 g champignons, sel, poivre cayenne, 80 g beurre, 4 échalotes, 1 cuillerée de persil haché, 3 cuillerées à soupe de genièvre ou de marc d'Alsace.

Découper le coq en morceaux.
Dans une cocotte, faire revenir le coq dans le beurre et un peu d'huile sans le laisser prendre couleur. Ajouter les échalotes hachées fin.

und den zerquetschten Knoblauch anschwitzen, die Hahnviertel wieder in den Topf geben, mit dem Wein auffüllen, den Thymian und die grob zerkleinerten Pilze dazufügen.
30–40 Minuten langsam kochen lassen.
Die Geflügelstücke aus dem Topf nehmen und sie auf einer Platte warmhalten. Die Kochbrühe durchsieben und etwas einkochen lassen. Mit dem sauren Rahm abbinden (ist die Soße nicht sahnig genug, etwas Mehlbutter unterrühren). Abschmecken.
Die Geflügelstücke in dieser Soße erhitzen und zu Tisch geben.

Anmerkung: Manche Köche flambieren das Geflügel mit Kognak oder mit Schlehenschnaps, bevor sie mit dem Wein aufgießen. Die Hausfrauen ihrerseits lehnen den etwas ,,brutalen" Geschmack des Alkohols ab.

Hahn in Bier

1 Hahn von 1500–2000 g, 1 Flasche (33 cl) helles Bier, 150 g Rahm, 250 g Champignons oder andere Pilze, Salz, Pfeffer (am besten Cayennepfeffer), 80 g Butter, 4 Schalotten, 1 Eßl. gehackte Petersilie, 3 Eßl. Wacholderschnaps oder Marc d'Alsace.

Den Hahn in Stücke schneiden.
In einem Topf den Hahn in Butter und ein wenig Öl anbraten, ohne daß er Farbe annimmt. Die feingehackten Schalotten dazufügen und langsam schmel-

Laisser fondre lentement (cuire sans colorer).
Arroser de genièvre, couvrir. Hors du feu laisser imprégner 5 minutes.
Remettre sur le feu, mouiller avec la bière, ajouter 4 cuillerées de crème, le sel, le poivre, une pincée de cayenne. Couvrir.
Laisser mijoter à petit feu. Au bout de 30 minutes de cuisson, ajouter les champignons émincés. Cuire 1 h 30 environ.
Pour servir, retirer les morceaux de coq, les disposer sur un plat creux et tenir au chaud.
Faire réduire la sauce dans la cocotte s'il y a lieu, y ajouter le restant de crème. Chauffer, puis retirer du feu et ajouter une grosse noix de beurre, fouetter la sauce pour faire fondre le beurre que va la lier et la velouter.
Avec cette sauce, napper les morceaux de coq. Saupoudrer de persil haché.
Servir avec des nouilles fraîches.

Fricassée de poulet

2 poulets de 800 g, 60 g de beurre, 10 petits oignons, 2 carottes, 2 cuillerées à soupe de farine, bouillon, 1 dl crème fraîche, 1 citron, 2 oeufs, thym, laurier, sel, poivre.

Découper les poulets en 8 morceaux.
Peler les carottes et les couper en rondelles. Peler les petits oignons et les laisser entiers.

zen lassen. Mit dem Wacholderschnaps begießen, zudecken. Vom Herd nehmen und 5 Minuten ziehen lassen. Wieder auf das Feuer stellen, mit dem Bier ablöschen, 4 Löffel Rahm dazugießen, Salz, Pfeffer und 1 Prise Cayennepfeffer darunterrühren. Zudecken.
Bei kleiner Hitze schmoren lassen. Nach 30 Minuten Kochzeit die Pilze dazugeben. Im Ganzen 1 ½ Stunden kochen.
Die Hahnstücke aus dem Topf nehmen, in eine Schüssel legen und warmstellen.
Die Soße im Topf, wenn nötig, einkochen lassen und den Rest des Rahms daruntermischen. Erhitzen, dann vom Feuer nehmen und ein großes Stück Butter darangeben. Die Butter unter tüchtigem Schlagen mit dem Schneebesen zum Schmelzen bringen. Die Butter bindet die Soße und macht sie sämig.
Die Soße über den Hahn gießen und mit gehackter Petersilie bestreuen.
Mit frischen Nudeln zu Tisch bringen.

köstliches Essen

Hühnerfrikassee

2 Hühner von 800 g, 60 g Butter, 10 kleine Zwiebeln, 2 Karotten, 2 Eßl. Mehl, Brühe, 1 dl frischer Rahm, 1 Zitrone, 2 Eier, Thymian, Lorbeerblatt, Salz, Pfeffer.

Die Hühner in 8 Stücke zerschneiden.
Die Karotten schälen und in Scheiben schneiden. Die kleinen Zwiebeln schälen und ganz lassen.

Dans une cocotte faire revenir avec le beurre les morceaux de poulet, doucement, sans les laisser dorer.
Saupoudrer de farine et remuer.
Mouiller avec de l'eau ou du bouillon de volaille de façon à recouvrir juste les poulets. Ajouter le thym, le laurier, les carottes, les oignons, le sel, le poivre.
Couvrir et laisser cuire doucement 1 heure.
Dans un bol, mélanger la crème fraîche, les jaunes d'oeufs et un peu de jus de cuisson du poulet.
Retirer les morceaus de poulet de la cocotte, mettre sur un plat tenu au chaud. Enlever le thym et le laurier. Verser le mélange crème et oeufs. Mèlanger bien sur feu doux (ne pas faire bouillir). Ajouter un jus de citron.
Napper les morceaux de poulet avec cette sauce.

In einem Topf die Hühnerstücke in Butter vorsichtig anbraten, ohne sie Farbe annehmen zu lassen. Mit Mehl bestäuben und umrühren. Mit dem Wasser oder der Hühnerbrühe bedecken. Thymian, Lorbeerblatt, die Karotten, die Zwiebeln, Salz, Pfeffer dazugeben.
Zudecken und 1 Stunde lang schwach kochen lassen.
In einer Schüssel den frischen Rahm und die Eigelb verrühren. Etwas Kochbrühe dazugeben.
Die Hühnerstücke aus dem Kochtopf nehmen und auf einer gewärmten Platte anrichten. Warm halten.
Thymian und Lorbeerblatt aus der Kochbrühe entfernen. Die Rahm-Eiermischung vorsichtig unterrühren. Auf schwachem Feuer gut vermengen (nicht kochen!). Mit etwas Zitronensaft abschmecken. Die Soße über die Hühnerstücke gießen und zu Tisch bringen.

Gibiers
Wildgerichte

Civet de lièvre

1 lièvre frais de 3 kg, 3 cuillerées à soupe d'huile, 75 g beurre, 2 cuillerées à soupe de farine, un verre de vin rouge, 1/4 l de bouillon, bouquet garni, 2 gousses d'ail, 300 g champignons, 12 petits oignons, vinaigre, pain de mie, 200 g lard de poitrine.
Marinade: une bouteille de vin rouge, 1/2 bouteille de Riesling d'Alsace, 2 carottes, 2 oignons, 2 gousses d'ail, persil, thym, laurier, romarin, 2 clous de girofle, sel, poivre du moulin.

La veille, dépouiller le lièvre. Recueillir le sang dans une jatte avec un filet de vinaigre pour le conserver.
Découper le lièvre en morceaux, le faire mariner dans une terrine avec une bouteille de vin rouge et la 1/2 bouteille de Riesling, les carottes coupées en rondelles, les oignons émincés, l'ail, le persil, les épices, le sel, le poivre du moulin. Laisser mariner pendant la nuit.
Egoutter le lièvre dans une passoire.
Dans une poêle avec l'huile très chaude, faire revenir les morceaux de lièvre et les légumes de la marinade. Les retirer et les mettre dans une casserole avec le beurre. Saupoudrer avec la farine, laisser un peu blondir. Mouiller avec le verre de vin rouge, le liquide de la marinade passée, le bouillon. Ajouter le bouquet garni et l'ail. Couvrir et laisser mijoter (au four c'est mieux) 2 heures.
Retirer les morceaux de lièvre et les déposer dans un plat tenu au chaud.
Au dernier moment, lier la sauce avec le sang du lièvre. Chauffer sans laisser bouillir.
Passer la sauce dans une passoire fine. Y ajouter des

Wildhasenpfeffer

1 frisch geschossener Hase von 3000 g, 3 Eßl. Öl, 75 g Butter, 2 Eßl. Mehl, 1 Glas Rotwein, 1/4 l Brühe, 1 Kräuterbündel, 2 Knoblauchzehen, 300 g Champignons, 12 kleine Zwiebeln, Essig, Weißbrot, 200 g Brustspeck.
Marinade: 1 Flasche Rotwein, 1/2 Flasche Elsässer Riesling, 2 Karotten, 2 Zwiebeln, 2 Knoblauchzehen, Petersilie, Thymian, Lorbeerblatt, Rosmarin, 2 Nelken, Salz, Pfeffer aus der Pfeffermühle.

Am Vorabend den Hasen abhäuten. Das Blut in einer Schüssel aufbewahren und einen Schuß Essig beigeben, damit es sich hält.
Den Hasen in Stücke schneiden und in eine Marinade legen, die man aus dem Rotwein, dem Riesling, den in Scheiben geschnittenen Karotten, den zerkleinerten Zwiebeln, dem Knoblauch, der Petersilie, den Gewürzen, dem Salz und dem Pfeffer aus der Pfeffermühle zubereitet hat. Die Stücke die ganze Nacht darin beizen.
Den Hasen in einem Sieb abtropfen lassen. In einer Pfanne in sehr heißem Öl die Hasenstücke und die Gemüse der Marinade anbraten. Sie danach in einen Topf mit der Butter geben, mit Mehl bestäuben und eine hellgelbe Farbe annehmen lassen. Mit dem Glas Rotwein und der abgeseihten Marinadenflüssigkeit und der Brühe auffüllen. Das Kräuterbündel und den Knoblauch dazufügen. Zudecken und (wenn möglich im Backofen) zwei Stunden langsam garen lassen.
Die Hasenstücke aus dem Topf nehmen und sie in einer Schüssel warmhalten.

dés de lard revenus au beurre, les champignons et les oignons dorés au beurre. Rectifier l'assaisonnement.
Verser la sauce sur les morceaux de lièvre, décorer le plat avec des croûtons de pain frits au beurre.
Le civet de lièvre est toujours accompagné de nouilles fraîches à l'alsacienne.

Râble de lièvre aux nouilles

Le râble d'un beau lièvre, 100 g beurre, 125 g de crème fraîche, sel, poivre.
Marinade: 1 bouteille de Riesling, 1 branche de thym, 1 carotte en rondelles, 1 oignon haché, 1 échalote, 1 pincée de coriandre, 1 pincée de noix de muscade râpée, sel, poivre du moulin.

Faire mariner le râble 12 à 24 heures dans la marinade.
Faire rôtir le râble de lièvre à four moyen, en le badigeonnant de beurre et en l'arrosant 40 minutes environ.
Déglacer le plat avec un peu de vin de la marinade. Ajouter la crème pour lier. Rectifier l'assaisonnement.
Disposer les nouilles (voir recette) cuites au dernier

Im letzten Augenblick die Soße mit dem Hasenblut abbinden. Vorsichtig erhitzen, ohne kochen zu lassen.
Die Soße durch ein feines Sieb seihen, die in Butter angerösteten Speckstückchen dazugeben. Die Champignons und die in Butter gerösteten Zwiebeln ebenfalls hinzufügen. Abschmecken.
Die Soße über die warmgehaltenen Hasenstücke gießen; das Gericht mit den in Butter angerösteten Weißbrotwürfeln bestreuen.
Zum Hasenpfeffer reicht man immer frische Elsässer Nudeln.

Wildhasenrücken mit Nudeln

Das Rückenstück eines schönen Wildhasens, 100 g Butter, 125 g frischer Rahm, Salz, Pfeffer.
Marinade: 1 Flasche Riesling, 1 Zweig Thymian, 1 in Scheiben geschnittene Karotte, 1 gehackte Zwiebel, 1 Schalotte, 1 Prise Koriander, 1 Prise Muskatnuß, Salz, Pfeffer aus der Pfeffermühle.

Den Hasenrücken 12–24 Stunden in der Marinade beizen.
Den Hasenrücken bei Mittelhitze im Backofen braten (40 Minuten) und ihn während dieser Zeit häufig mit zerlassener Butter bepinseln. Mit etwas Wein von der Marinade ablöschen und mit dem frischen Rahm abbinden. Abschmecken.
Die Nudeln (siehe Rezept) kurz vor dem Auftragen abkochen und in einer warmgehaltenen Schüssel an-

moment sur un grand plat chaud. Poser le râble sur les nouilles. Napper le tout avec de la sauce. Servir le reste de sauce dans une saucière.
On peut garnir le plat avec des morilles.

C'est délicat,
n'est-ce pas ?

Faisan à la choucroute

Pour 8 personnes: 2 kg de choucroute, 350 g de lard fumé, 350 g de lard salé, 1 saucisson à cuire ou 1 saucisse de Morteau, 2 faisans ou poules faisannes, 150 g de graisse d'oie, 1 oignon, $^1/_2$ l de Sylvaner, $^1/_4$ l de bouillon ou d'eau, 1 feuille de laurier, 3 clous de girofle, 6 baies de genièvre, sel, poivre.

Laver soigneusement la choucroute, la presser pour en extraire toute l'eau.
Mettre la graisse d'oie dans une cocotte. Ajouter la moitié de la choucroute en la démêlant, poser tous les aromates, les lards et la saucisse. Couvrir du restant de choucroute.
Mouiller avec le vin et le bouillon. Laisser cuire doucement 1 heure.
Faire revenir et dorer dans la graisse les faisans qui ont été préparés et bridés, doucement 10 minutes.
Mettre les faisans dans la cocotte contenant la choucroute et laisser encore cuire 30 minutes.
Rectifier l'assaisonnement. Mettre la choucroute sur un plat chaud. Placer les faisans par dessus, entourer de lard et du saucisson découpés.

richten. Den Hasenrücken auf die Nudeln legen und mit etwas Soße übergießen. Die restliche Soße in einer Soßenschüssel auf den Tisch bringen.

Fasan mit Sauerkraut

Für 8 Personen: 2000 g Sauerkraut, 350 g geräucherter Speck, 1 Räucherwurst zum Kochen, 2 Fasanen oder 2 Fasanenhennen, 150 g Gänseschmalz, 1 Zwiebel, $^1/_2$ l Sylvaner, $^1/_4$ l Brühe oder Wasser, 1 Lorbeerblatt, 3 Gewürznelken, 6 Wacholderbeeren, Salz, Pfeffer.

Das Sauerkraut sorgfältig waschen und auspressen.
Die Hälfte des Sauerkrauts in einen Topf mit dem Gänseschmalz geben, die Gewürze, den Speck und die Wurst hineingeben und mit dem Rest des Sauerkrauts bedecken.

Mit dem Wein und der Brühe auffüllen und 1 Stunde bei kleiner Hitze kochen lassen.

Die ausgenommenen und zugerichteten Fasanen in Fett 10 Minuten vorsichtig anbraten und sie dann in den Topf mit dem Sauerkraut legen. 30 weitere Minuten garen lassen.

Abschmecken. Das Sauerkraut auf eine angewärmte Platte legen und die Fasanen darauf anrichten. Mit dem Speck und der geräucherten Kochwurst umlegen (die man vorher aufgeschnitten hat).

Perdrix aux choux

2 perdrix (pour 4 personnes), 4 oignons, 4 carottes, 250 g de lard de poitrine fumé, couennes de lard, 1 choux vert, 3 cuillerées à soupe de graisse d'oie (ou saindoux), sel, poivre, 1 bouquet garni, 2 verres de bouillon.

Plumer, vider, barder les perdrix.
Nettoyer le chou, l'effeuiller en enlevant les grosses côtes. Le blanchir 10 mn dans l'eau bouillante salée, l'égoutter.
Faire revenir les oignons entiers, les carottes coupées en rondelles, le lard coupé en lardons, les couennes, dans le fond d'un sautoir contenant la graisse d'oie. Y mettre les perdrix pour colorer après avoir retiré les lardons.
Dans ce sautoir mettre les choux pour en recouvrir les perdrix. Mouiller avec le bouillon, ajouter le bouquet garni, le sel, le poivre. Recouvrir d'un papier beurré et laisser cuire au four, à couvert, 2 heures.
Dix minutes avant la fin de la cuisson, y remettre les lardons, couper les couennes en gros dés.
Servir très chaud.
On peut servir les perdrix aux choux entourées de saucisses fraîches qu'on aura fait dorer.

Rebhühner mit Grünkohl

2 Rebhühner (für 4 Personen), 4 Zwiebeln, 4 Karotten, 250 g Speck, Speckschwarten, 1 Grünkohl, 3 Eßl. Gänseschmalz (oder Schweineschmalz), Salz, Pfeffer, 1 Kräuterbündel, 2 Gläser Brühe.

Die Rebhühner rupfen, ausnehmen und mit Speckscheiben umbinden. Den Grünkohl waschen, die groben Blattrippen entfernen und die Blätter 10 Minuten in Salzwasser abkochen. Abtropfen lassen.
Die ganzen Zwiebeln, die in Scheiben geschnittenen Karotten, den in Stückchen geschnittenen Speck, die Speckschwarten in dem erhitzten Gänsefett in einem Schmortopf anbraten, die Speckstückchen herausnehmen und die Rebhühner im Topf ringsum golden anbraten.
Den abgetropften Grünkohl über die Rebhühner geben, mit der Brühe auffüllen und die Kräuter, Salz und Pfeffer dazufügen. Mit einem Butterbrotpapier bedecken und bei Mittelhitze im Backofen zwei Stunden garen lassen.
Zehn Minuten vor Ende der Garzeit die Speckstückchen in den Topf geben und die Schwarten in große Würfel schneiden.
Sehr heiß zu Tisch bringen.
Man kann dieses Gericht auch mit frisch gebratenen Bratwürsten umlegt zu Tisch bringen.

Wunderbar

Guigue de chevreuil aux pommes

1 guigue de 2,500 kg environ, 200 g de lard en batonnets, 2 oignons, $^1/_2$ feuille de laurier, 2 cuillerées à soupe d'huile, 1 cuillerée à café de feuilles thym, sel, poivre, muscade, jus de citron, 2 kg de pommes reinettes, 60 g beurre, un peu de cannelle.

Parer la guigue, la piquer avec le lard.
Mélanger l'huile avec la feuille de laurier hachée, le thym, le sel, le poivre, la pincée de noix de muscade, le jus de citron. Enduire la guigue avec cette huile. Laisser mariner 12 heures.

Faire rôtir la guigue à four chaud (15 à 18 minutes par livre) dans un plat beurré. Une demi-heure avant la fin de la cuisson, disposer les pommes entières pelées autour de la guigue, les saupoudrer d'un peu de cannelle et les parsemer de noisettes de beurre.

Dresser la guigue bien dorée sur un plat entourée des pommes.
Les pommes peuvent être remplacées par des poires.
On peut servir avec une sauce poivrade.

Rehkeule mit Äpfeln

1 Rehkeule von ungefähr 2500 g, 200 g in Stäbchen geschnittenen Speck, 2 Zwiebeln, $^1/_2$ Lorbeerblatt, 2 Eßl. Öl, 1 Teel. zerkleinerter Thymian, Salz, Pfeffer, Muskatnuß, Zitronensaft, 2000 g Reinetten, 60 g Butter, etwas Zimt.

Die Rehkeule mit dem Speck spicken.
Das Öl mit dem zerkleinerten Lorbeerblatt, dem Salz, dem Pfeffer, der Prise Muskatnuß und dem Zitronensaft vermischen und damit die Rehkeule bestreichen. 12 Stunden ruhen lassen.
Die Rehkeule im heißen Ofen (15–18 Minuten pro Pfund) in einer ausgebutterten feuerfesten Form braten.
Eine halbe Stunde vor Ende der Garzeit die ganzen geschälten Äpfel um die Rehkeule legen, mit etwas Zimt überpudern und mit Butterflöckchen bestreuen.
Die goldbraune Rehkeule auf einer gewärmten Platte mit den Äpfeln umlegt anrichten. Man kann eine Pfeffersoße dazu reichen.
Anstelle der Äpfel kann man auch Birnen verwenden.

Cailles aux raisins

6 cailles, 250 g de bardes de lard très fine, 500 g de raisins blancs, 1 petit verre de cognac, 2 cuillerées à soupe d'huile, 150 g beurre, une pincée de fécule, 6 tranches de pain de mie, sel, poivre, muscade.

Eplucher, épépiner les grains de raisins. Parer, brider, barder chaque caille. Les assaisonner de sel et de poivre.

Dans une cocotte, les faire dorer rapidement au beurre, ajouter le cognac, flamber. Couvrir, éteindre le feu, laisser 5 Minutes.

Pendant ce temps, presser le tiers des raisins. Délayer dans ce jus la fécule, et verser sur les cailles. Ajouter sel, poivre, noix de muscade, mettre à tout petit feu et laisser mijoter 30 minutes environ.

Dans une poêle contenant une cuillère à soupe de beurre, faire chauffer les raisins jusqu'à ce qu'ils deviennent opaques.

Faire dorer les tranches de pain au beurre et à l'huile.

Disposer sur un plat les cailles sur les croûtons de pain, les raisins autour. Napper le tout avec la sauce.

Wachteln mit Trauben

6 Wachteln, 250 g sehr fein geschnittene, rohe Speckschwarte, 500 g weiße Trauben, 1 kleines Glas Kognak, 2 Eßl. Öl, 150 g Butter, 1 Prise Maizena, 6 Scheiben Weißbrot, Salz, Pfeffer, Muskatnuß.

Die Trauben schälen und entkernen.
Die Wachteln säubern und mit Speckscheiben umbinden, mit Salz und Pfeffer würzen.
In einem Topf rasch in heißer Butter anbraten, den Kognak dazugeben und flambieren. Zudecken, den Elektroherd ausschalten, 5 Minuten weiter köcheln lassen.
In der Zwischenzeit ein Drittel der Trauben auspressen, die Prise Maizena in diesem Saft auflösen und das Gemisch über die Wachteln geben. Salzen, pfeffern, die Muskatnuß dazugeben und bei ganz schwacher Hitze 30 Minuten garen.
Einen Eßlöffel Butter in eine Pfanne geben und darin die restlichen Trauben erhitzen, bis sie undurchsichtig werden.
Die Brotscheiben in einem Butter/Ölgemisch anrösten.
Auf einer Platte die Wachteln auf den gerösteten Brotscheiben anrichten, mit den Trauben umlegen, mit der Soße übergießen.

Canard aux cerises

1 canard sauvage, bardes de lard, 1 verre de porto, 1 verre de bouillon de veau, une orange, un citron, un peu de cannelle, un clou de girofle, 1 cuillerée à café de fécule, 100 g beurre, 1 cuillerée à soupe de gelée de groseilles, sel, poivre, 200 g de cerises griottes.

Faire rôtir le canard dans un plat, au four après l'avoir bardé, salé et poivré à l'intérieur. Le retirer et le tenir au chaud.

Déglacer le plat avec le bouillon de veau, le porto, le jus d'1/2 orange et le jus d'1/2 citron, un peu de canelle et un clou de girofle. Faire réduire cette sauce dans une casserole (d'1/3 environ) –

Puis la passer et la dégraisser complètement.
La lier très légèrement avec la fécule délayée avec de l'eau. Puis la monter avec le beurre et la gelée de groseille. Bien mélanger pour la rendre onctueuse. Vérifier l'assaisonnement.

Au dernier moment y ajouter les cerises griottes dénoyautées et cuites.
Dresser le canard sur un plat et napper avec la sauce aux cerises.

Ente mit Kirschen

1 Wildente, Speckschwarten (roh), 1 Glas Portwein, 1 Glas Kalbsbrühe, 1 Orange, 1 Zitrone, etwas Zimt, 1 Gewürznelke, 1 Teelöffel Maizena, 100 g Butter, 1 Eßl. Johannisbeergelee, 200 g Sauerkirschen.

Die Wildente mit Speckscheiben oder den rohen, feinen Speckschwarten umbinden, das Innere salzen und pfeffern und in einer feuerfesten Schüssel im Backofen braten.
Aus dem Ofen nehmen und warmhalten. Die Bratschüssel mit der Kalbsbrühe, dem Portwein, dem Orangensaft und dem Saft einer halben Zitrone ablöschen. Etwas Zimt und die Gewürznelke dazugeben. Diese Soße in einem Topf etwa um ein Drittel einkochen lassen. Durchseihen und das Fett sorgfältig abschöpfen. Sie leicht mit dem in etwas Wasser aufgelösten Maizena binden, und unter ständigem Rühren die Butter und das Johannisbeergelee unter die Soße mischen. Die Soße muß schön sämig sein. Abschmekken. Im letzten Augenblick die entsteinten und gekochten Sauerkirschen dazugeben.
Die Ente auf einer gewärmten Platte anrichten und mit der Soße übergießen.

Viandes
Fleischgerichte

«Schieffala» (épaule de porc fumé)

1 kg 800 de palette ou d'éfaule de porc fumé, 200 g de raifort, 1/8 l de créme fraîche, 30 g beurre, 1 échalote, 1 cuillerée à soupe de farine.

Dans un fait-tout, mettre la palette fumée recouverte d'eau fraîche. Laisser frémir pendant une heure 1/2.

Un quart d'heure avant la fin de la cuisson, préparer la sauce au raifort.

Râper le raifort finement. Dans une poêle contenant le beurre, faire sauter le raifort avec l'échalote hachée fin, 10 minutes. Ajouter la farine, remuer puis ajouter la crème pour faire la liaison.

Retirer la palette de l'eau de cuisson. La disposer sur un plat.

Servir avec la sauce au raifort déposée très chaude dans un ravier.

On sert le schieffala sur son plat, entourée d'autres raviers contenant des cornichons, de petits oignons au vinaigre et une salade de pommes de terre.

,,Schieffela" (geräucherte Schweineschulter)

1800 g geräucherte Schweineschulter, 200 g Meerrettich, 1/8 l frischer Rahm, 30 g Butter, 1 Schalotte, 1 Eßl. Mehl.

Die Schweineschulter in einen Kochtopf legen, mit kaltem Wasser bedecken und zum Kochen bringen. 1 1/2 Stunden unter leisem Aufwallen kochen.

Eine Viertelstunde, bevor das ,,Schieffela" gar ist, die Meerrettichsoße zubereiten. Den Meerrettich fein reiben (es gibt ihn auch gerieben zu kaufen). Butter in der Pfanne zerlassen und den Meerrettich mit der gehackten Schalotte 10 Minuten anschwitzen.

Das Mehl dazugeben und hinterher mit dem Rahm binden.

Das ,,Schieffela" aus der Kochbrühe nehmen und auf eine Platte oder ein Holzbrett legen.

Dazu die sehr heiße Meerrettichsoße auftragen. Man reicht zu ,,Schieffela" in kleinen Glasschälchen Essiggürkchen, kleine, eingelegte Zwiebeln und Kartoffelsalat.

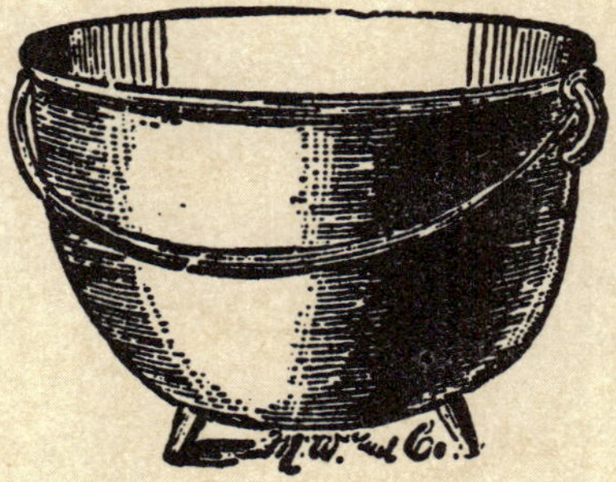

«Surlawerla»
(Foie de veau sauté)

1 kg de foie de veau environ (ou à défaut du foie de porc), 100 g beurre, 2 cuillerées d'huile, 4 échalotes, 1 cuillerée à soupe de farine, 1/4 litre de vin rouge, 1/4 l de bouillon, sel, poivre, 1 verre de vin rouge.

Chauffer un peu d'huile et de beurre dans une poêle. Y mettre les échalotes émincées, les faire revenir, puis ajouter le foie coupé en fines lamelles. Faire légèrement dorer; saler, poivrer.
Ajouter la farine, puis le vin rouge. Laisser réduire en remuant.
Ajouter le bouillon (ou du jus de veau). Chauffer sans bouillir. Ajouter une noix de beurre.
Mettre le foie chaud avec sa sauce sur un plat tenu au chaud.
Laisser réduire dans une petite casserole un verre de vin rouge, quand le vin est bien réduit, lier avec un peu de beurre. Ajouter un filet de vinaigre.
Verser sur le foie et la sauce en attente sur le plat. Saupoudrer de persil hâché. Accompagner ce plat avec des pommes sautées, ou de la purée de pommes de terre.

Très ancienne recette originaire du Sundgau. A l'origine on utilisait le foie de porc. Aujourd'hui on préfère souvent le foie de veau.

Saure Kalbsleber – „Sürlawerla“

1000 g Kalbsleber (oder Schweineleber), 100 g Butter, 1 Eßl. Mehl, 2 Eßl. Öl, 4 Schalotten, 1/4 l Rotwein, 1/4 l Brühe, Salz, Pfeffer, 1 Glas Rotwein

In einer Pfanne etwas Öl und Butter erhitzen. Die gehackten Schalotten darin anschwitzen, die in feine Scheibchen geschnittene Leber hineingeben, leicht anrösten, salzen, pfeffern.
Mehl und Rotwein dazufügen, vermengen und unter Rühren einkochen lassen. Die Fleischbrühe hinzufügen. Erhitzen, ohne aufkochen zu lassen.
Ein Stück Butter dazugeben, und die Leber mit der Soße in einer warmgehaltenen Schüssel anrichten.
In einem kleinen Töpfchen ein Glas Rotwein um gut die Hälfte einkochen lassen, mit etwas Butter binden und einen Schuß Essig dazugeben. Diese Mischung über die Leber gießen und mit feingehackter Petersilie bestreuen.
Man gibt die „Sürlawerla“ mit Salzkartoffeln oder Kartoffelbrei zu Tisch.

Anmerkung: Das ist ein sehr altes Rezept, das aus dem Sundgau stammt. Früher nahm man Schweineleber dazu. Heute wird oft Kalbsleber vorgezogen.

Foie d'oie aux pommes reinette

6 escalopes de foie d'oie gras, sel, poivre, 50 g farine, 200 g beurre (ou graisse d'oie), 5 pommes reinette, 8 cl madère, 100 g truffes, 125 g pain de mie.

Dénerver le foie d'oie frais, le découper en escalopes. Assaisonner de sel, poivre.

Passer les escalopes de foie dans la farine, les faire sauter au beurre (ou à la graisse d'oie) dans une poêle.

Dans une autre poêle faire dorer et cuire au beurre les pommes épluchées en quartiers. Faire frire au beurre des croûtons de pain.

Poser les escalopes dans un plat et garder au chaud.

Déglacer le fond de la poêle de cuisson des escalopes avec le madère. Y ajouter les truffes hachées et le jus des truffes. Laisser réduire quelque minutes.

Ajouter les escalopes, laisser mijoter 1 ou 2 minutes couvert, à feu doux.

Dresser dans un plat sur les croûtons les escalopes de foie nappées de la sauce et entourées des pommes reinette braisées.

Gänseleber mit Reinetteäpfeln

6 Scheiben Mastgansleber, Salz, Pfeffer, 50 g Mehl, 200 g Butter (oder Gänseschmalz), 5 Reinetteäpfel, 8 cl Madeira, Knoblauch, 100 g Trüffeln, 125 g Weißbrot.

Die frische Mastgansleber von den Sehnen befreien und in schöne Scheiben schneiden.
Mit Salz und Pfeffer würzen und mit Knoblauch abreiben. In Mehl wenden und in einer Pfanne in Butter (oder Gänseschmalz) anbraten.
In einer anderen Pfanne die geschälten und geviertelten Äpfel goldbraun braten.
Brotstückchen in Butter knusprig rösten.
Die Leber aus der Pfanne nehmen und auf einer Platte warm halten.
Die Leberpfanne mit dem Madeira ablöschen und die gehackten Trüffeln und den Trüffelsaft dazugeben. Einige Minuten einkochen lassen. Die Leberscheiben hineingeben, 1–2 Minuten zugedeckt bei kleinem Feuer erhitzen.
Die Leber umkränzt von den Apfelvierteln und mit der Soße begossen auf den Tisch bringen.

Quenelles de foie «Lewerknepfle»

500 g foie de porc ou de veau, 2 oeufs, 3 cuillerées à soupe de farine, 2 oignons, persil, cerfeuil, ciboulette.

Hacher finement le foie de veau.
Faire étuver les oignons hachées dans du beurre.
Mélanger le foie, les oignons, le persil, le cerfeuil, la ciboulette également haché. Saler, poivrer.
Ajouter la farine et les oeufs. Bien travailler cette farce.
Mettre à bouillir 2 litres d'eau salée.
Mouler les quenelles ovales de la grosseur d'un oeuf, à l'aide de 2 cuillères à soupe, une pour prendre la farce, l'autre pour la faire glisser dans l'eau.
Faire pocher les quenelles dans l'eau; au frissonnement, 10 minutes environ.
Les retirer et les servir arrosées de beurre noisette où l'on a fait dorer de petits croûtons de pain.
Les quenelles sont bonnes accompagnées d'une salade de pissenlits ou de betteraves rouges.

Note: Certaines ménagères ajoutent du lard fumé ou du porc dans la farce des quenelles.

Leberklößchen – „Lewerknepfle"

500 g Kalbs- oder Schweineleber, 2 Eier, 3 Eßl. Mehl, 2 Zwiebeln, Petersilie, Kerbel, Schnittlauch.

Die Leber feinhacken.
Die gehackten Zwiebeln in Butter anschwitzen. Leber, Zwiebeln, Petersilie, Kerbel, Schnittlauch (natürlich feingehackt) vermischen. Salzen, pfeffern.
Mehl und Eier dazugeben und gut durcharbeiten.
2 l Wasser und Salz zum Kochen bringen. Mit 2 Eßlöffeln ovale, eigroße Klöße formen und ins kochende Salzwasser gleiten lassen. Unter leisem Aufwallen die Klöße etwa 10 Minuten garen. Herausnehmen. Mit in reichlich Butter angerösteten Brotstückchen mitsamt der braunen Butter begießen und zu Tisch bringen.
Löwenzahnsalat oder Rote-Rübensalat schmeckt sehr gut dazu.

Anmerkung: Manche Hausfrauen mischen geräucherte Speckwürfelchen unter den Lewerknepfleteig.

Großmutters Rezept

Côtelettes de porc au vin blanc

6 côtelettes de porc, 6 dl de vin d'Alsace (Sylvaner ou Riesling), 2 cuillerées à soupe de farine, 7 échalotes, sel, poivre, persil, 1 branche de thym, 40 g beurre, 2 cuillerées à soupe d'huile.

Faire revenir les côtelettes des 2 côtés dans le mélange huile et beurre.
Les laisser doucement dorer.
Enlever les côtelettes de la sauteuse. Les tenir au chaud.
Eplucher et hacher finement les échalotes. Les mettre dans le jus de cuisson des côtelettes. Les faire revenir doucement et blondir.
A petit feu, ajouter la farine, mélanger bien. Ajouter le vin, le thym, saler, poivrer, ajouter 3 cuillères à soupe d'eau.
Laisser mijoter à petit feu, 10 à 15 minutes en tournant de temps en temps.
Remettre les côtelettes dans la sauce. Laisser mijoter (15 à 20 minutes) pour terminer la cuisson. Vérifier l'assaisonnement.
Servir dans un plat chaud les côtelettes nappées de la sauce. Saupoudrer de persil haché.

Schweinekoteletten in Weißwein

6 Schweinkoteletten, 6 dl Elsässer Wein (Sylvaner oder Riesling), 2 Eßl. Mehl, 7 Schalotten, Salz, Pfeffer, Petersilie, 1 Zweig Thymian, 40 g Butter, 2 Eßl. Öl.

Die Koteletten in einer Mischung aus Butter und Öl auf beiden Seiten in einer Pfanne anbraten. Vorsichtig goldbraun braten.
Die Koteletten aus der Pfanne nehmen und warmhalten.
Die Schalotten schälen, feinhacken und in das Bratfett der Koteletten geben. Behutsam anschwitzen (hellgelb). Bei schwacher Hitze das Mehl dazugeben, untermengen, den Wein dazugießen, Thymian, Pfeffer und Salz. Drei Eßlöffel Wasser darunterrühren.
Auf kleiner Flamme 10–15 Minuten unter zeitweiligem Umrühren ,,schmurgeln" lassen.
Die Koteletten in die Soße gleiten lassen, in 15-20 Minuten fertig garen. Abschmecken.
In einer heißen Schüssel die Koteletten in der Soße anrichten und mit gehackter Petersilie zu Tisch bringen.

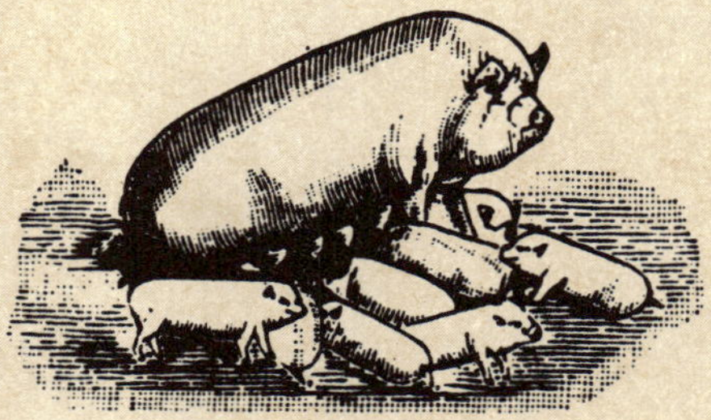

Poitrine de veau farcie

1 kg 250 poitrine de veau désossée, facile à rouler
Pour la farce: 400 g échine de porc, 150 g pain de mie, 3 échalotes, persil, 2 oeufs, sel, poivre, noix de muscade, 2 cuillerées à soupe de cognac.
Pour la cuisson: 1 carotte, 1 oignon, 40 g beurre et 2 cuillerées à soupe d'huile, 1 verre de vin blanc d'Alsace, 1 barde de lard frais.

Préparer la farce: Passer à la machine pour hacher, la viande de porc, les échalotes, le persil, la mie qui a été trempée dans du lait et essorée. Ajouter un oeuf cuit dur écrasé, un peu de noix de muscade râpé. Saler, poivrer, mélanger bien en liant le tout avec un oeuf battu dans le cognac.

Disposer cette farce sur la poitrine de veau étalée; rouler, ficeler serrée ou coudre la peau.

Mettre la viande dans une cocotte avec la barde de lard, le beurre, l'huile, la carotte et l'oignon émincés. Faire dorer la viande sur tous les côtes, puis mouiller avec le vin blanc, chauffé à l'avance.

Laisser cuire, casserole couverte, pendant 2 heures à feu moyen.

Servir chaud avec la sauce qu'on a fait un peu réduire.

Ce plat peut se manger froid également, accompagné de salade verte.

Gefüllte Kalbsbrust

1250 g ausgebeinte Kalbsbrust, die leicht zu rollen ist.
Fülle: 400 g Schweinekamm, 150 g Weißbrot ohne Kruste, 3 Schalotten, Petersilie, 2 Eier, Salz, Pfeffer, Muskatnuß, 2 Eßl. Kognak
Zum Braten: 1 Karotte, 1 Zwiebel, 40 g Butter, 2 Eßl. Öl, 1 Glas Elsässer Wein, 1 Stück rohe Schwarte.

Die Fülle zubereiten: das Schweinefleisch, die Schalotten, die Petersilie, das in Milch eingeweichte, ausgedrückte Brot durch den Fleischwolf drehen. Ein zerdrücktes, hartgekochtes Ei dazugeben. Mit Muskatnuß, Salz und Pfeffer würzen. Gut mit einem in Kognak geschlagenen Ei vermischen.

Diese Fülle auf die auf den Tisch ausgebreitete Kalbsbrust streichen, zusammenrollen, gut zusammenschnüren oder zusammennähen.

Das Fleisch mit der rohen Speckschwarte, der Butter, dem Öl, der zerkleinerten Karotte und der kleingeschnittenen Zwiebel in einen Topf geben und auf allen Seiten anbraten. Ist das Fleisch gut angebräunt, mit dem Weißwein ablöschen (er muß vorher angewärmt werden).

Bei geschlossenem Topf zwei Stunden bei Mittelhitze garen lassen. Heiß in der Soße servieren, die man etwas einkochen läßt.

Die gefüllte Kalbsbrust kann auch kalt gegessen werden. Man reicht sie in diesem Fall mit grünem Salat.

«Bäckeoffe»

1 kg 500 de pommes de terre, 600 g de collet ou d'échine de porc, 600 g d'épaule de mouton désossé, 600 g de boeuf à braiser, 40 g de saindoux, 2 pieds de porc coupés en deux et 2 queues de porc (facultatif), 5 oignons, 2 poireaux, 1/2 céléri, 2 carottes, du thym, 1 bouquet garni avec 3 feuilles de laurier, 4 clous de girofle, des baies de genièvre, 2 gousses d'ail, sel, poivre, 1 litre de vin blanc d'Alsace (Edelzwicker ou Sylvaner).

Le bäckeoffe se cuit dans une terrine en terre ovale munie d'un couvercle.

La veille préparer une marinade: mettre dans un récipient les viandes détaillées en tranches ainsi que les pieds de porc et les queues de porc. Ajouter les légumes, carottes, poireaux, 2 oignons, céléri coupé en petits cubes et tous les aromates. Mouiller avec le vin blanc. Couvrir et laisser mariner 24 h.

Le lendemain, éplucher et émincer les pommes de terre en rondelles. Emincer les 3 oignons restants.

Faire revenir dans une cocotte contenant le saindoux, les oignons et les légumes de la marinade.

Disposer dans la terrine une couche de pommes de terre, ensuite les viandes, les légumes, les oignons, puis remettre une nouvelle couche de pommes de terre et d'oignons émincés.

Mouiller avec la marinade et fermer la terrine avec le couvercle hermétiquement en le soudant au bord de la cocotte avec un peu de pâte faite avec de la farine et de l'eau.

„Bäckeoffe"

1500 g Kartoffeln, 600 g Schweinekamm, 600 g entbeinte Hammelschulter, 600 g Rindfleisch zum Schmoren, 40 g Schweineschmalz, 2 gespaltene Schweinsfüße und zwei Schweineschwänze (je nach Belieben), 5 Zwiebeln, 2 Lauchstangen, 1/2 Sellerie, 2 Karotten, 3 Lorbeerblätter, Thymian, 4 Nelken, Wacholderbeeren, 2 Knoblauchzehen, Salz, Pfeffer, 1 l Elsässer Wein (Sylvaner oder Edelzwicker).

Der „Bäckeoffe" wird in einer großen irdenen, ovalen Form mit Deckel angerichtet und gegart.
Am Vorabend das Fleisch marinieren: das in Scheiben geschnittene Fleisch, die Schweinsfüßchen und -schwänzchen in eine große Schüssel geben, die zerkleinerten Gemüse (Karotten, Lauch, 2 Zwiebeln, Sellerie) dazugeben und die Würzkräuter und Gewürze zufügen. Mit dem Weißwein begießen. Zudekken und 24 Stunden marinieren lassen.
Am nächsten Tag die Kartoffeln schälen und in Scheibchen schneiden. Die 3 restlichen Zwiebeln zerkleinern.
In einem Topf in Schweineschmalz die Gemüse der Marinade und die restlichen Zwiebeln anschwitzen.
In die irdene Form legt man eine Schicht Kartoffeln, eine Schicht Fleisch, dann die Gemüse und die Zwiebeln. Mit einer Schicht Kartoffeln und gehackter Zwiebeln abschließen.
Die Marinade darübergießen, den Deckel darauflegen und mit einer Art Teig aus Mehl und Wasser hermetisch abdichten.

Man kann's immer wieder essen

Faire cuire à four moyen très régulier 2 à 2 h 30. Servir dans la terrine de cuisson.

Ce plat se faisait, autrefois le lundi, jour de lessive, on le portait à cuire dans le four du boulanger (d'où son nom). C'est un plat d'hiver.

Variante: on peut ajouter aux 3 viandes, quelques morceaux d'oie.

Paupiettes de veau à la façon des moines de Lucelle

6 petites escalopes de veau coupées fines et larges, 7 à 8 os à moelle (il faut gros comme une noix de moelle pour chaque escalope), 250 g lard maigre fumée, 1 petit bouquet de persil, un peu de marjolaine, 1 brin de sauge, 10 baies de genièvre, 50 g beurre, 100 g de crème fraîche, 1 verre de bouillon de veau, sel, poivre du moulin.

Faire pocher les os à moelle quelques minutes à l'eau bouillante salée (ou dans du bouillon). Laisser refroidir et retirer la moelle.
Hacher le lard avec la machine, le mélanger avec le persil haché, la sauge, la marjolaine, le genièvre écrasé. Ajouter la moelle, bien mélanger, saler et poivrer.

Bei regelmäßiger Mittelhitze 2–2 1/2 Stunden garen. In der irdenen Form auf den Tisch bringen.

Anmerkung: In früheren Zeiten wurde dieses Gericht am Montag, dem Waschtag, gegessen und man trug die irdene Form zum Bäcker, der den „Bäckeoffe" in seinem Ofen garte. Es ist ein herzhaftes Wintergericht.

Abwandlung: Man kann zu den drei Fleischsorten noch ein paar Stücke Gans geben.

Kalbsrouladen nach der Art der Mönche von Lucelle

6 dünne und langgeschnittene Kalbsschnitzel, 7–8 Markknochen, (man braucht für jede Roulade ein nußgroßes Stück Mark), 250 g magerer, geräucherter Speck, 1 kleines Sträußchen Petersilie, etwas Majoran, 1 Salbeizweig, 10 Wacholderbeeren, 50 g Butter, 100 g Rahm, 1 Glas Kalbsbrühe, Salz, Pfeffer aus der Pfeffermühle.

Die Markknochen einige Minuten in kochendem Salzwasser ziehen lassen, abkühlen und das Mark auslösen.

Den Speck durch den Fleischwolf treiben und ihn mit der gehackten Petersilie, dem Salbei, dem Majoran und den zerquetschten Wacholderbeeren vermischen.

Keiner kann's besser

Disposer un peu de farce (un sixième) sur chaque escalope. Les rouler en paupiettes, les ficeler ou fermer l'ouverture avec de grosses aiguilles en bois.
Dans une cocotte faire chauffer le beurre. Y mettre les paupiettes pour les faire dorer sur toutes les faces. Mouiller avec le bouillon et laisser mijoter doucement 1 heure environ.
Dresser les paupiettes sur un plat. Lier le jus de cuisson avec la crème fraîche. Napper les paupiettes avec cette sauce.

La recette de ce mets très ancien figure dans un des premiers livres de cuisine alsaciens (1671) écrit par l'abbé Buchinger, moine à l'abbaye de Lucelle dans le Sundgau.

Recette passionnante

Petits pâtés à la viande – «Fleischschnaka»

400 à 500 g de pâte à nouilles, 300 à 400 g de restes de viandes cuites (viande de pot au feu ou de rôti) pas trop grasses, 1 oignon, persil, sel, poivre, noix de muscade râpé, 1 verre de vin d'Alsace, $^{1}/_{4}$ l bouillon, 40 g beurre, 2 cuillerées à soupe d'huile.

Etaler la pâte à nouilles en une abaisse assez fine (3 mm d'épaisseur environ).
Hacher ensamble finement la viande, l'oignon, le

Das Mark hinzufügen, gut vermengen, salzen und pfeffern.
Ein Sechstel der Fülle auf jede Kalbsroulade geben, sie zusammenrollen, zuschnüren oder mit einem Holzstäbchen zusammenstecken.
Die Butter in einem Topf erhitzen und die Kalbsrouladen auf allen Seiten gut darin anbräunen. Mit der Brühe ablöschen und eine Stunde lang leise schmoren lassen.
Die Rouladen auf einer Platte anrichten. Die Kochbrühe mit dem Rahm abbinden und über die Rouladen gießen.

Anmerkung: Das Rezept dieses altehrwürdigen Gerichts steht in einem der ersten elsässischen Kochbücher, das der „Abbé" Buchinger, Mönch der Abtei Lucelle im Sundgau, im Jahr 1671 verfaßte.

Kleine Fleischtäschchen – „Fleischschnacka"

400–500 g Nudelteig, 300–400 g gekochte Fleischreste (nicht zu fett), 1 Zwiebel, Petersilie, Salz, Pfeffer, Muskatnuß, 1 Glas Elsässer Wein, $^{1}/_{4}$ l Brühe, 40 g Butter, 2 Eßl. Öl.

Man rollt den Nudelteig etwa 3 mm dick aus.
Die Fleischreste werden feingehackt, zusammen mit der Zwiebel, der Petersilie. Muskatnuß, Salz und Pfeffer dazugeben und abschmecken.

persil, ajouter un peu de noix de muscade, le sel, le poivre.
Etendre ce hachis sur l'abaisse de pâte à nouille. Rouler comme un «biscuit roulé». Coller le bord à l'eau.
Couper ce rouleau rempli de farce en morceaux de 7 cm de longueur environ.
Faire dorer les petis pâtés ainsi obtenues dans une poêle contenant un mélange très chaud de beurre et d'huile. Les faire dorer les uns après les autres de chaque côté.
Quand tous les petits pâtés sont dorés, les mettre dans une cocotte. Ajouter du bouillon de viande ou du bouillon de légume et le vin. On peut ajouter aussi des tomates concassées.
Laisser mijoter à petit feu les pâtés dans ce fond environ 45 minutes, couvert. Servir très chaud, tel quel dans la cocotte.
Cette recette est une spécialité très ancienne de la région de Thann.

Diese Mischung auf den ausgewellten Nudelteig streichen. Zusammenrollen (wie für eine gefüllte Biskuitrolle) und die Ränder durch Anfeuchten mit Wasser zusammenkleben.
Die Teigrolle in 7 cm lange Stücke schneiden.
Die kleinen Teigröllchen in einer Pfanne in einer sehr heißen Butter-Ölmischung nach und nach knusprig braun braten.
Sind die Fleischtäschchen angebraten, gibt man sie in einen Topf, bedeckt mit Fleischbrühe oder Gemüsebrühe, gibt das Glas Wein dazu (nach Belieben auch zerquetschte Tomaten). Bei kleiner Hitze ungefähr 45 Minuten zugedeckt schmoren lassen.
Sehr heiß im Topf auf den Tisch bringen.
Dieses Rezept ist eine sehr alte Spezialität aus der Gegend von Thann.

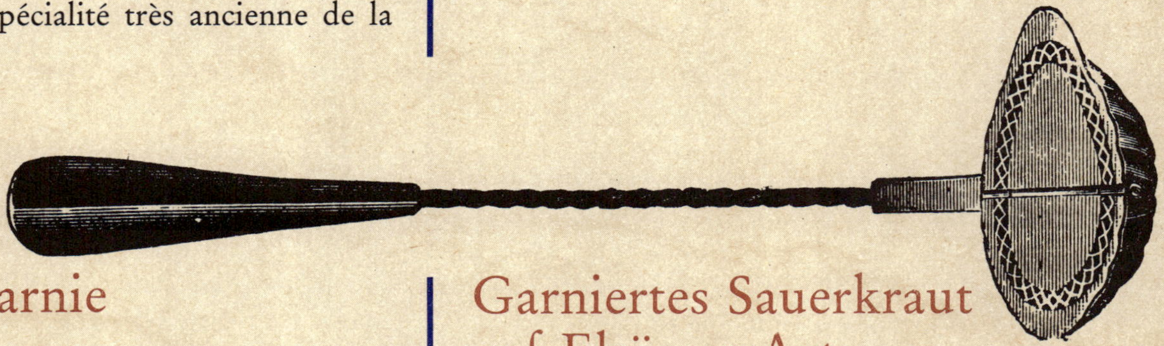

Choucroute garnie à l'alsacienne

2 kg de choucroute, 150 g graisse d'oie (ou saindoux), 3 oignons, 2 feuilles de laurier, 1 tête d'ail, 3 clous de girofle, 6 baies de genièvre, 5 grains de coriandre (facultatif), 1 bouteille de Riesling, 1 palette de porc fumée, 1 jarret de porc salë ou un jambonneau, 800 g

Garniertes Sauerkraut auf Elsässer Art

2000 g Sauerkraut, 150 g Gänseschmalz (oder Schweineschmalz), 3 Zwiebeln, 2 Lorbeerblätter, 1 Knoblauchzehe, 5 Korianderkörner, 1 Flasche Riesling, 3 Gewürznelken, 6 Wacholderbeeren, 1 geräucherte Schweinsschulter, 1 gesalzene Schweinshaxe (oder

de carré de porc, 500 g de lard fumé, 10 pommes de terre moyennes.
Pour chauffer à part: Saucisses de Strasbourg, saucisse blanche paysanne à griller, quenelles de foie.

Laver la choucroute à l'eau froide. L'égoutter, la presser pour en extraire l'eau.
Dans une grande cocotte, faire revenir dans la graisse d'oie les oignons émincés. Y éparpiller la choucroute, ajouter l'ail et les épices (laurier, girofle, genièvre, coriandre) enfermés dans un petit sachet de toile. Mouiller avec le vin. Poivrer. Couvrir. Laisser cuire 1/2 heure.
Remuer la choucroute et ajouter le lard fumé et le carré de porc et le jarret de porc. Couvrir, continuer la cuisson à feu doux 2 heures en surveillant pour qu'il y ait toujours du liquide au fond de la cocotte.
35 minutes avant la fin de la cuisson, ajouter les pommes de terre épluchées sur le dessus de la choucroute.
15 minutes avant de servir, faire griller la saucisse blanche, pocher les saucisses de Strasbourg, et les quenelles.
Dresser la choucroute sur un très grand plat chaud.

Wade), 800 g Schweinekamm, 500 g Räucherspeck, 10 mittelgroße Kartoffeln.
Außerhalb des Sauerkrauttopfs werden erhitzt: Straßburger (Wiener) Würstchen, Bauernbratwurst, Leberklöße.

Das Sauerkraut in kaltem Wasser waschen, abtropfen lassen und zwischen den Händen gut auspressen. In einem großen Topf im heißen Schweine- (oder Gänse-)schmalz die kleingeschnittenen Zwiebeln andünsten. Das Sauerkraut locker hineingeben (hineinzupfen), den Knoblauch und die Gewürze (Lorbeerblatt, Gewürznelke, Wacholderbeeren, Koriander) in einem kleinen Leinensäckchen dazugeben.

Mit dem Wein aufgießen. Pfeffern, zudecken. Eine halbe Stunde kochen lassen.

Dann das Sauerkraut auflockern, mit zwei Gabeln aufzupfen und den Speck, den Schweinekamm und die Schweinshaxe auf das Sauerkraut geben. Zudekken und bei leiser Hitze zwei Stunden garen lassen. Darauf achten, daß sich immer etwas Flüssigkeit auf dem Boden des Topfes befindet.

Fünfunddreißig Minuten vor dem Ende der Garzeit die geschälten Kartoffeln auf das Sauerkraut geben, zudecken.

Eine Viertelstunde vor dem Auftragen des Sauerkrauts die Bratwurst anbraten, die Würstchen und die Leberklöße erhitzen.

Das Sauerkraut auf einer sehr großen gewärmten Platte anrichten. Den Speck, den aufgeschnittenen Schweinekamm, die Kartoffeln, die Schweinshaxe,

Wer es einmal probiert hat...

Disposer par dessus le lard, le carré de porc coupé en tranches. Garnir avec les pommes de terre, le jarret de porc, les saucisses et les quenelles.

Dans la région de Colmar, on ajoute 1 verre de kirsch ½ heure avant la fin de la cuisson.
Autrefois, on cuisait très longtems la choucroute. Aujourd'hui, certains l'aiment «craquelante» et conseillent 1 h 30 de cuisson au maximum, ils font alors cuire les viandes à part.

die Würstchen, die Bratwurst und die Leberknödel appetitlich darauf verteilen.

Anmerkung: In der Gegend von Colmar gibt man eine halbe Sunde vor dem Auftragen ein kleines Gläschen Kirschschnaps in das Sauerkraut.
Früher kochte man das Sauerkraut sehr lange. Heute lieben es manche Leute ,,à la dente", und raten zu einer Kochzeit von höchstens 90 Minuten. In diesem Fall garen sie das Fleisch gesondert.

Boeuf au pinot rouge

2 morceaux de rumsteack épais, 180 g beurre, 2 cuillerées à soupe d'huile, 4 échalotes, 3 dl de pinot rouge d'Alsace, 1 dl de sauce de rôti (ou à défaut de bouillon), 60 g de farine, 8 rondelles de moèlle, sel, poivre.

Dans une casserole, dans le mélange beurre (60 g) et huile, très chaud, faire revenir rapidement et dorer les tranches de viande.

Laisser cuire plus ou moins longtemps selon l'épaisseur des morceaux et selon le temps de cuisson pour obtenir une viande plus ou moins saignante. Retirer du feu et laisser en attente.

Hacher les échalotes, les faire revenir doucement dans le beurre (60 g) très chaud. Mouiller avec le pinot. Laisser frémir 10 minutes. Passer et remettre sur feu doux. Ajouter la sauce de rôti ou le bouillon.

Lier avec le beurre manié (60 g beurre + 60 g farine). Saler, poivrer. Laisser réduire doucement de moitié.

Faire pocher les rondelles de moelle dans de l'eau frémissante salée 3 minutes. Les égoutter.

Remettre la casserole sur le feu avec la viande, y ajouter la sauce, puis les rondelles de moelle. Bien réchauffer le tout.

Disposer sur un plat chaud les tranches de rumsteack, napper avec la sauce et décorer le dessus de la viande avec les tranches de moelle.

Rumpsteaks in „Pinot rouge" (dem einzigen elsässischen Rosé)

Traumhaft

2 dicke Rumpsteaks, 180 g Butter, 2 Suppenlöffel Öl, 4 Schalotten, 3 dl Pinot Rouge d'Alsace, 1 dl Bratensoße (oder Brühe), 60 g Mehl, 8 Scheiben Mark, Salz, Pfeffer.

In einem Topf in der sehr heißen Öl-Buttermischung (60 g) die beiden Rumpsteaks schnell auf beiden Seiten anbraten. Die Bratzeit richtet sich nach der Dicke der Steaks. Das Fleisch muß innen dunkelrosa bleiben. Den Topf vom Feuer nehmen.

Die Schalotten hacken und in 60 g sehr heißer Butter anschwitzen. Mit dem Pinot aufgießen, 10 Minuten unter Aufwallen kochen, durchseihen und wieder auf die schwach erhitzte Kochplatte geben. Die Bratensoße (oder Brühe) dazugeben. Mit einer Mischung aus 60 g Butter und 60 g Mehl binden, salzen, pfeffern. Die Soße vorsichtig um die Hälfte einkochen lassen.

Die Markscheiben 3 Minuten in siedendem Salzwasser abkochen und abtropfen lassen.

Den Topf mit dem Fleisch auf das Feuer geben, die Soße dazugießen, die Markscheiben hineinlegen. Gut erhitzen.

Die Rumpsteaks auf eine heiße Platte legen, mit der Soße übergießen und mit den Markscheiben umlegen.

Desserts
Nachspeisen : Kuchen

Pâte brisée

250 g farine, 125 g beurre, 5 g de sel fin, 1 jaune d'oeuf, 5 cl eau, 30 g sucre (facultatif).

Mettre la farine en «fontaine», ajouter le beurre ramolli à la température de la pièce et coupé en morceaux, le sel, le sucre au centre.
Pétrisser le tout du bout des doigts sans trop insister. Incorporer l'oeuf et l'eau. Opérer très rapidement sans trop travailler la pâte.
Ramasser la pâte en boule, si vous avez le temps, la laisser reposer 30 minutes à 1 heure.
L'addition de l'oeuf n'est pas indispensable. Toutefois elle donne un peu de corps à la pâte. Pour les pâtes brisées salées, il est préférable de ne pas ajouter l'oeuf.

Tarte aux pommes

Pâte brisée: 250 g farine, 125 g beurre, 5 g sel, 5 cl d'eau, 30 g sucre, 1 kg pommes reinettes, 30 g sucre.
Flan: 75 g sucre, 200 g crème fraîche, 2 oeufs, 1 paquet de sucre vanillé.

Faire la pâte brisée.
Eplucher les pommes, les couper en quartiers.

Butterteig – Mürbeteig

250 g Mehl, 125 g Butter, 5 g Salz, ein Eigelb, 5 cl Wasser, 30 g Zucker (je nach Belieben). Die Teigmenge ist für ein rundes Kuchenblech von 24 cm Durchmesser bestimmt.

Das Mehl in eine Backschüssel oder auf ein Backbrett sieben, die ,,zimmerwarme" Butter (in Stückchen geschnitten), das Salz und den Zucker in die Mitte geben. Mit den Fingerspitzen rasch durchkneten. Das Eigelb und das Wasser unterarbeiten. Rasch zusammenkneten, zu einer Kugel rollen und je nach der zur Verfügung stehenden Zeit $^1/_2$–1 Stunde kühlstellen.
Das Eigelb ist nicht unbedingt notwendig, doch für einen gezuckerten Mürbeteil zu empfehlen. Für einen gesalzenen Mürbeteig gibt man besser kein Eigelb dazu.

Apfelkuchen Wunderbar

Mürbeteig: 250 g Mehl, 125 g Butter, 5 g Salz, 5 cl Wasser, 30 g Zucker, (1 Eigelb).
Belag: 1000 g Reinetteäpfel, 30 g Zucker.
Guß: 75 g Zucker, 200 g Rahm, 2 Eier, 1 Päckchen Vanillezucker.

Einen Mürbeteig vorbereiten.
Die Äpfel schälen und vierteln oder achteln.

Etendre la pâte, en garnir un moule à tarte graissée et farinée. Piquer le fond. Disposer les pommes sur le fond, saupoudrer de sucre. Mettre à four chaud 25 à 30 minutes.
Préparer le flan en mélangeant bien les oeufs, le sucre, puis la crème.
Lorsque les pommes sont tendres, verser le flan sur la tarte.

Remettre au four pour terminer la cuisson.
Servir tiède de préférence.

Tarte aux quetsches

Pâte brisée: 250 g farine, 125 g beurre, 1 jaune d'oeuf, 1 pincée de sel, 1 cuillerée à soupe de sucre, 5 cl eau.
750 g de quetsches, 100 g sucre, cannelle en poudre.

Préparer la pâte brisée avec tous les ingrédients selon la recette habituelle.
Mettre la pâte en boule et laisser reposer.
Pendant ce temps, séparer les quetsches en deux, retirer le noyau.
Etendre la pâte et en garnir le moule beurré et fariné.
Piquer le fond à la fourchette, saupoudrer de 2 cuillerées à soupe de sucre.
Y disposer les demi prunes, peau contre la pâte, mettre à four chaud.
A mi-cuisson, saupoudrer à nouveau de sucre semoule et de cannelee en poudre.
Servir saupoudré de sucre glace.

Den Teig auswellen, in ein gebuttertes und gemehltes Blech legen und die Äpfel darauf verteilen. Mit Zukker bestreuen. Im heißen Ofen 25–30 Minuten bakken.
Für den Guß die Eier, den Zucker und den Rahm vermengen. Sind die Äpfel gar, den Guß darübergießen und den Kuchen im Ofen fertigbacken.
Schmeckt am besten lauwarm. Nach Belieben etwas Zimt mit dem Zucker vermischen.

Zwetschgenkuchen

Mürbeteig: 250 g Mehl, 125 g Butter, 1 Eigelb, 1 Prise Salz, 1 Eßl. Zucker, 5 cl kaltes Wasser
Belag: 750 g Zwetschgen, 100 g Zucker, gemahlener Zimt.

Den Mürbeteig nach Rezept zubereiten und in eine bemehlte, gefettete Kuchenform legen.

Die Zwetschgen aufschneiden und entsteinen.

Den Kuchenboden mit der Gabel einstechen und mit 2 Eßl. Zucker bestreuen. Die halbierten Zwetschgen mit der Schnittfläche nach oben dicht auf dem Kuchenboden verteilen. In den heißen Ofen schieben.

Ist der Kuchen halb gebacken, bestreut man ihn erneut mit Zucker und überpudert ihn mit Zimt. Bei mäßiger Hitze fertigbacken.

Mit Puderzucker bestreut auftragen.

Tarte aux fromage blanc

Pâte brisée: 250 g farine, 125 g beurre, 5 g sel, 1/2 verre d'eau, 30 g sucre.
Flan au fromage: 600 g de fromage blanc égoutté, 125 g crème épaisse, 2 oeufs entiers, 2 jaunes d'oeufs, 175 g sucre, 1 cuillerée à soupe de farine, zeste de citron (facultatif), 1 paquet de sucre vanillé ou de l'extrait de vanille.

Faire une pâte brisée. La mettre en boule et la laisser reposer au frais.
Tamiser le fromage afin de le réduire en crème fine, mélanger bien avec la crème.
Fouetter le mélange. Puis ajouter les oeufs entiers un à un, les jaunes, le sucre mélangé à la farine, la vanille ou le zeste de citron, le sel.
Etendre la pâte et en garnir un moule à tarte beurré et fariné.
Piquer le fond à la fourchette. Y verser la préparation au fromage.
Mettre à four chaud. Au bout de 20 minutes, baisser la température. Laisser cuire encore 25 minutes.
La tarte bien dorée peut être servie froide ou tiède, saupoudrée de sucre.

Käsekuchen

Mürbeteig: 250 g Mehl, 125 g Butter, 5 g Salz, 1/2 Glas Wasser, 30 g Zucker
Belag: 600 g abgetropfter weißer Käse (Quark), 126 g saurer Rahm, 2 ganze Eier, 2 Eigelb, 175g Zucker, 1 Eßl. Mehl, 1 Paket Vanillezucker, nach Belieben das Abgeriebene einer Zitrone.

Einen Mürbeteig zubereiten. Zu einer Kugel rollen und im Kühlen ruhen lassen.
Den weißen Käse durch ein Sieb treiben, gut mit dem Rahm vermischen. Das Ganze tüchtig mit einem Schneebesen schlagen. Die ganzen Eier eines nach dem andern unterrühren, dann die Eigelb, den Zucker (mit dem Eßlöffel Mehl vermischt), den Vanillezukker, nach Belieben das Abgeriebene einer Zitrone und das Salz daruntermischen.
Den Teig auswellen und auf ein gefettetes, bemehltes Kuchenblech legen. Mit einer Gabel einstechen, die Käsemischung daraufstreichen.
Im heißen Ofen 20 Minuten backen, und dann noch einmal bei Mittelhitze 25 Minuten im Ofen lassen.
Der goldbraun gebackene Kuchen wird mit Zucker überpudert und kalt oder lauwarm aufgetragen.

Tarte à la rhubarbe

Pâte brisée: 250 g farine, 125 g beurre, 5 g sel, 1/2 verre d'eau.
Flan: 2 oeufs, 100 g sucre, 1/8 l crème fraîche.

Faire une pâte brisée. Mettre en boule. La laisser reposer au frais.
Eplucher les côtes de rhubarbe en enlevant les plus gros fils. La couper en petits morceaux de 1 cm de long. Les couvrir avec le sucre, laisser macérer jusqu'à ce que la rhubarbe baigne dans son jus avec le sucre (1 heure ou plus)
Etendre la pâte, en garnir un moule à tarte beurré et fariné. La piquer.
Disposer dessus les dés de rhubarbe bien égouttées.
Mettre à four chaud pendant 20 minutes.
Pendant ce premier temps de cuisson, préparer le flan.
Dans un bol, battre les oeufs avec le sucre puis ajouter la crème battue. Le mélange devient mousseux et épais.
Retirer la tarte du four (elle est aux 3/4 de sa cuisson) et verser le flan sur la rhubarbe. Continuer la cuisson 10 à 15 minutes environ, jusqu'à ce que la tarte soit bien dorée.
Certains recouvrent la tarte d'un meringuage (blanc d'oeuf battu et sucre) quelques minutes avant la fin de la cuisson.

Rhabarberkuchen

Mürbeteig: 250 g Mehl, 125 g Butter, 5 g Salz, ½ Glas Wasser, 30 g Zucker
Belag: 1000 g Rhabarber
Guß: 2 Eier, 100 g Zucker, ⅛ l frischer Rahm

Einen Mürbeteig zubereiten und ihn zu einer Kugel zusammengerollt im Kühlen etwa 1 Stunde ruhen lassen.
Den Teig auswellen und ein gebuttertes, bemehltes Blech damit belegen. Mit einer Gabel den Kuchenboden einstechen und den in Stückchen geschnittenen, gut abgetropften Rhabarber darauf verteilen.
Den Rhabarber hat man vorher geschält, in kleine Stücke geschnitten und mit Zucker bestreut. 1–2 Stunden ruhen lassen, bis er Saft gezogen hat.
Den mit Rhabarber bedeckten Kuchen in den heißen Ofen schieben und 20 Minuten backen.
Während dieser ersten Backzeit wird der Guß zubereitet: In einer Schüssel das Ei mit dem Zucker schlagen und den geschlagenen Rahm unterziehen. Die Mischung wird schaumig dick.
Den Kuchen aus dem Ofen nehmen (er ist fast gebakken) und die Ei/Rahmmischung darübergeben. In 10–15 Minuten fertig backen. Der Guß muß schön goldbraun sein.
Manche ziehen dem Ei/Rahmguß einen Meringenguß vor, den man aus Zucker und geschlagenem Eiweiß zubereitet und einige Minuten vor Ende der Backzeit auf den Kuchen streicht.

Tarte aux raisins

Pâte brisée: 250 g farine, 125 g beurre, 1 oeuf, 30 g sucre, 1 pincée de sel, 5 cl eau (on peut aussi utiliser une pâte feuilletée), 2 oeufs, 100 g sucre, 2 cuillerées à soupe de poudre d'amandes, 2 cuillerées à soupe de crème fraîche.
500 g de raisins blancs, 250 g de raisins noirs (muscat de préférence).

Faire la pâte brisée selon la recette habituelle.
Etendre la pâte et en garnir un moule à tarte beurré et fariné. La piquer.
Remplir le fond avec les raisins serrés mais ne se chevauchant pas.
Battre les oeufs avec le sucre. Lorsque le mélange est mousseux, ajouter la crème et la poudre d'amandes, en recouvrir les raisins.
Mettre à four chaud.
Au bout de 20 minutes, baisser le feu (four moyen). Cuire encore 30 minutes.
Le fond de la tarte doit être bien cuit et rigide.
Servir tiède ou froid.
Cette vieille recette est la recette traditionnelle des ménagères dans le vignoble alsacien, autour de Colmar.

Traubenkuchen

Mürbeteig: 250 g Mehl, 125 g Butter, 1 Ei, 30 g Zukker, 1 Prise Salz, 5 cl Wasser (man kann auch Blätterteig nehmen).
Belag: 500 g weiße Trauben, 250 g blaue Trauben (wenn möglich Muskateller-Trauben), 2 Eier, 100 g Zucker, 2 Eßl. gemahlene Mandeln, 2 Eßl. Rahm.

Wie gewohnt den Mürbeteig zubereiten, auswellen und in ein Kuchenblech legen. Mit einer Gabel den Boden einstechen und mit den Trauben belegen. Sie dürfen nicht übereinander liegen.
Die Eier mit dem Zucker schlagen. Ist die Masse schaumig, den Rahm und die gemahlenen Mandeln dazugeben und die Mischung über die Trauben streichen.
Im heißen Ofen etwa 20 Minuten backen, die Backhitze vermindern (auf Mittelhitze schalten) und weitere 30 Minuten backen.
Der Kuchenboden muß schön knusprig und durchgebacken sein.
Der Traubenkuchen wird lauwarm oder kalt gegessen.
Dieses alte Rezept ist typisch für die Winzergegend um Colmar.

Tarte aux groseilles meringuée

Pâte brisée: 250 g farine, 125 g beurre, 1 pincée de sel, 1 jaune d'oeuf, 30 g sucre, sel, eau.
300 g de groseilles bien mûres, 6 blancs d'oeufs, 250 g sucre semoule.
100 g noisettes grillées et concassées, sucre glace.

Préparer la pâte brisée avec les ingrédients selon la recette habituelle.
L'étendre et en garnir le moule à tarte beurré et fariné.
Il faut faire cuire d'abord la tarte «à blanc» sans la garniture. Pour cela garnir le fond de la tarte de papier sulfurisé, piquer le fond à travers le papier (avec une fourchette). La garnir de haricots secs bien disposés sur le papier.
Mettre à four chaud. Dès que les bords sont fermes, retirer du four et ôter le papier et les haricots. Remettre au four pour terminer la cuisson. La pâte doit être cuite sans être colorée.
Pendant ce temps, fouetter les blancs en neige dans une terrine. Ajouter le sucre par cuillerées en fouettant jusqu'au ce que la neige soit bien ferme.
Réserver 4 à 5 cuillerées de blancs battus dans un bol.
Mélanger les groseilles dans le reste des blancs battus contenu dans la terrine.
Sortir la tarte du four. Garnir le fond de noisettes, couvrir avec le mélange groseilles et blancs battus. Puis recouvrir le tout avec les blanc réservés dans le bol. Bien lisser la surface.
Remettre à four très doux pendant 1 heure pour faire prendre le meringuage.
Servir tiède ou froid.

Johannisbeerkuchen mit Meringenguß

Mürbeteig: 250 g Mehl, 125 g Butter, 1 Prise Salz, 1 Eigelb, 30 g Zucker, 5 cl Wasser.
Belag: 300 g reife Johannisbeeren
Guß: 6 Eiweiß, 250 g feiner Zucker, 100 g geröstete grob gehackte Haselnüsse, Puderzucker.

Den Mürbeteig mit den angegebenen Zutaten wie gewohnt zubereiten. Auswellen und ein gefettetes bemehltes Kuchenblech damit belegen.
Den Teigboden mit Butterbrotpapier bedecken und mit einer Gabel durch das Papier den Boden einstechen. Mit Bohnen (Hülsenfrüchten) belegen, damit der Boden nicht ungleichmäßig hoch gebacken wird, und in den heißen Ofen schieben. Sobald die Ränder fest geworden sind, aus dem Ofen nehmen und die Bohnen und das Butterbrotpaier entfernen. Im Ofen fertig backen. Der Kuchenboden soll keine Farbe annehmen.
Unterdessen die Eiweiß in einer Schüssel zu Schnee schlagen, löffelweise und unter Schlagen den Zucker dazugeben, bis die Meringenmasse schön steif ist.
4–5 Eßlöffel dieser Masse zurückbehalten. Den Rest mit den Johannisbeeren vermischen.
Kommt der Boden aus dem Ofen, bestreut man ihn mit den Haselnüssen, und streicht die Eiweiß/Johannisbeermischung darauf. Das Ganze mit dem zurückbehaltenen Eiweiß bedecken.
Glatt streichen und bei sehr milder Hitze im Backofen 1 Stunde fertig backen. Lauwarm oder kalt zu Tisch bringen.

C'est bon!

Tarte aux myrtilles

Pâte brisée: 250 g farine, 125 g beurre, 30 g sucre, 1 pincée de sel, 5 cl d'eau, 1 oeuf.
1 kg de myrtilles.

Faire une pâte brisée avec les ingrédients indiqués selon la recette.
Etendre la pâte au rouleau et en garnir un moule à tarte beurré et fariné.
Piquer le fond.
Etaler les myrtilles et cuire à four chaud pendant 25 minutes.
Retirer du four, saupoudrer de sucre.
Les myrtilles sont très abondantes dans les Vosges et, l'éte, on peut déguster la tarte aux myrtilles dans toutes les fermes-auberges des Vosges.

Heidelbeerkuchen

Mürbeteig: 250 g Mehl, 125 g Butter, 30 g Zucker, 1 Prise Salz, 5 cl Wasser, 1 Ei.
Belag: 1000 g Heidelbeeren

Aus den angegebenen Zutaten einen Mürbeteig machen, den Teig auswellen und eine gebutterte, bemehlte Kuchenform damit belegen. Mit einer Gabel dicht an dicht einstechen.
Die Heidelbeeren daraufgeben und im heißen Ofen etwa 25 Minuten backen.
Aus dem Ofen nehmen und mit Zucker bestreuen.
In den Vogesen gibt es sehr viele Heidelbeeren, und im Sommer kann man in allen ,,Bauernhof-Restaurants" köstliche Heidelbeerkuchen schmausen.

Tarte aux pruneaux (quetsches séchées)

Pâte brisée: 250 g farine, 125 beurre, 1 oeuf, 1 pincée de sel, 1/2 verre d'eau, 30 g sucre.
1 kg de pruneaux, 250 g sucre.
arôme au choix: cannelle en poudre ou zeste de citron ou vanille.

Faire une pâte brisée selon la recette habituelle. Mettre en boule, laisser reposer.
Préparer les pruneaux. Faire gonfler les pruneaux

Kuchen mit Trockenzwetschgen

Mürbeteig: 250 g Mehl, 125 g Butter, 1 Ei, 1 Prise Salz, 1/2 Glas Wasser, 30 g Zucker.
Belag: 1 Kilo Trockenzwetschgen, 250 g Zucker, Gewürz nach Belieben: Zimt oder Vanille oder das Abgeriebene einer Zitronenschale.

Einen Mürbeteig wie gewohnt zubereiten, zu einer Kugel zusammenrollen und im Kühlen ruhen lassen.

dans de l'eau froide, lorsqu'ils ont bien gonflés, les égoutter.
Les mettre dans une casserole et les recouvrir juste d'eau froide.
Après cuisson, enlever les noyaux. Les passer à la moulinette, ajouter le sucre et parfumer avec l'arôme choisi.
Etendre la pâte dans le moule à tarte beurré et fariné (garder un peu de pâte pour la garniture). La piquer avec les dents d'une fourchette. Etaler sur le fond, les pruneaux en compote, parsemer de petits morceaux de beurre.
Décorer avec des croisillons faits avec de minces bandes de pâte. Badigeonner les bords de la tarte et les croisillons avec un jaune d'oeuf pour dorer.
Cuire à four chaud environ 30 minutes.
Les quetsches sont très abondantes dans toute l'Alsace. Autrefois chaque maîtresse de maison faisait sécher elle-même ses quetsches dans son four ou dans le four du boulanger.

Tarte à la cannelle

Pâte brisée: 250 g farine, 125 g beurre, 1 pincée de sel, 1 oeuf, 30 g sucre, 5 cl d'eau.
1/4 l crème épaisse, 3 oeufs, 100 g sucre, 1 cuillère à soupe de cannelle, un peu d'extrait de vanille.

Préparer la pâte brisée selon la recette habituelle. L'étendre et en garnir un moule à tarte beurré et fariné. Piquer le fond avec les dents d'une fourchette.

Die getrockneten Zwetschgen vorbereiten. In kaltem Wasser aufquellen lassen und sie dann abtropfen.
In einen Topf geben, knapp mit kaltem Wasser bedecken. Aufkochen. Die Zwetschgensteine entfernen, das Zwetschgenfleisch fein durchtreiben, mit dem gewürzten Zucker vermischen (Vanille, Zimt oder Zitronenschale).
Eine gebutterte und bemehlte Form mit Teig auslegen; etwas Teig zum Verzieren zurückbehalten. Mit einer Gabel den Kuchenboden einstechen.
Das Zwetschgenkompott auf den Kuchenboden streichen und mit kleinen Butterstückchen bestreuen.
Kreuzweise Teigbänder über den Kuchen legen (wie bei einer Linzertorte) und Rand und Teiggitter mit Eigelb bepinseln.
In heißem Ofen etwa 30 Minuten backen.
Im Elsaß gibt es sehr viele Zwetschgen. Früher trocknete jede Hausfrau ihren eigenen Vorrat an Dörrzwetschgen in ihrem eigenen Backofen oder beim Bäcker.

Zimtkuchen

Mürbeteig: 250 g Mehl, 125 g Butter, 1 Prise Salz, 1 Ei, 30 g Zucker, 5 cl Wasser.
Belag: 1/4 saurer Rahm, 3 Eier, 100 g Zucker, 1 Eßl. Zimt, etwas Vanilleextrakt.

Wie gewöhnlich einen Mürbeteig zubereiten, auswellen und ein Blech damit belegen. Mit einer Gabel den Kuchenboden dicht an dicht einstechen.

Dans une terrine, battre les oeufs et le sucre pendant quelques instants, ajouter la cannelle, la crème et la vanille. Bien mélanger.
Verser le flan au fond de la tarte.
Mettre à four chaud environ 30 minutes.
On aime particulièrement le goût de cannelle en Alsace et on l'utilise souvent en pâtisserie et dans le vin chaud.

In einer Schüssel Eier und Zucker einige Augenblicke tüchtig schlagen, den Zimt, den Rahm und Vanille dazufügen und das Ganze gut vermengen.
Die Mischung über den Teigboden gießen und im heißen Backofen etwa 30 Minuten gut knusprig backen.
Im Elsaß liebt man den Zimtgeschmack ganz besonders und benützt den Zimt deshalb sehr häufig für Bäckereien und für Glühwein.

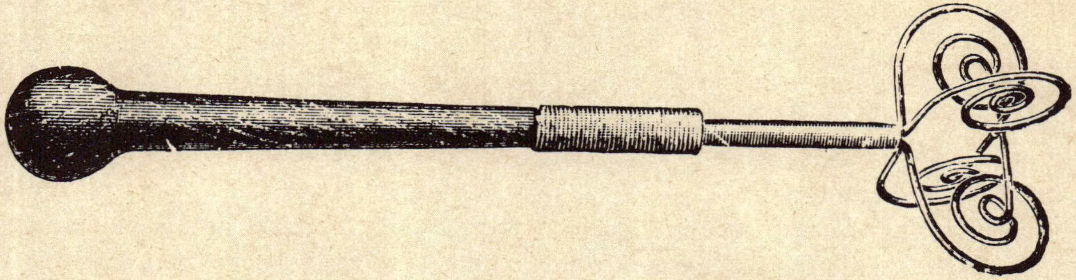

Pâte à beignets (pâte à frire)

250 g farine, 100 g beurre fondu (ou huile) 10 g sel fin, 2 oeufs entiers plus 2 blancs d'oeufs, 2 verres de bière, 3 cl d'eau de vie (kirsch ou rhum).

Dans une terrine, mélanger à la spatule, le beurre à la farine salée. Ajouter les oeufs battus en omelette. Délayer avec la bière. Parfumer à l'eau de vie.

La pâte sans grumeaux doit masquer la spatule. Laisser reposer une heure. Ajouter les blancs d'oeufs battus en neige au moment de l'emploi.

Ausbackteig – Krapfenteig

250 g Mehl, 100 g geschmolzene Butter (oder Öl), 10 g feines Salz, 2 ganze Eier plus 2 Eiweiß, 2 Gläser Bier, 3 cl Schnaps (Kirschwasser) oder Rum.

In einer Schüssel mit einem Holzlöffel die Butter mit dem gesalzenen Mehl vermischen. Die ganzen, geschlagenen Eier daruntergeben, das Bier darunterrühren, mit dem Kirschwasser abschmecken. Der Teig muß glatt und geschmeidig sein.
Eine Stunde ruhen lassen. Vor dem Gebrauch die steifgeschlagenen Eier unterziehen.

Beignets aux pommes

Pommes reinettes, un peu de kirsch, de calvados ou de rhum.
1 peu de cannelle en poudre (facultatif), grande friture.

Préparer une pâte à frire (voir recette).
Evider les pommes, les éplucher, les couper en rondelles.
Dans un plat creux, les mettre à macérer avec du sucre semoule, l'alcool et à volonté une pointe de cannelle. Couvrir et laisser macérer quelques instants.
Enrober complètement les rondelles de pommes de pâte à frire et les plonger dans la friture chaude.
Lorsque les beignets sont cuits et bien dorés, les sortir et les égoutter sur un linge.
Saupoudrer de sucre glace avant de servir chaud.

extraordinaire

Beignets d'acacia ou de fleurs de sureau

Diviser les fleurs en grappes, les nettoyer. Les faire macérer avec du sucre et un peu de kirsch (ou autre alcool de votre choix) pendant 30 minutes.
Les tremper dans la pâte à frire et terminer comme pour les beignets aux pommes.

On fait de même des beignets aux cerises, aux framboises, aux groseilles, aux fraises.

Apfelbeignets – Apfelkrapfen

Reinetteäpfel, etwas Kirschwasser, Calvados oder Rum, etwas gemahlener Zimt, Fett oder Öl zum Ausbacken.

Einen Ausbackteig zubereiten. (Siehe vorheriges Rezept)
Die Äpfel vom Kernhaus befreien, schälen, in Ringe schneiden. Sie in einer Schüssel in einer Mischung aus Kirschwasser, Zucker und einer Prise Zimt ziehen lassen. Die Apfelringe nach einigen Minuten abtropfen lassen, sie gut mit dem Ausbackteig umhüllen und zum Ausbacken in das sehr heiße Fett oder Öl gleiten lassen.
Sind die Apfelbeignets schön goldfarben gebacken, nimmt man sie heraus und legt sie auf ein trockenes Tuch, um das überflüssige Fett zu entfernen.
Mit Zucker bestreuen und heiß auftragen.

Akazienblumen- oder Holunderdoldenbeignets

Die Akazien- oder Holunderdolden in kleine Sträußchen teilen, waschen und in eine Mischung aus Kirschwasser (oder einem anderen Alkohol) und Zucker etwa 30 Minuten ziehen lassen.
Einen Ausbackteig nach dem vorstehenden Rezept zubereiten und die abgetropften Blütensträußchen hineintauchen. Darauf achten, daß sie ganz von Teig

Beignets de carnaval «Fasenachtskiechle»

350 g farine, 1 pincée de sel, 4 oeufs, 100 g beurre (ou huile), 50 g sucre, 2 cuillerées à soupe de kirsch, 1 zeste d'orange, 50 g sucre glace, grande friture.

Travailler dans une terrine la farine, les oeufs, le sel, le beurre ramolli en pommade, le sucre, le zeste d'orange. Ajouter le kirsch.
Malaxer la pâte pendant quelques minutes. La mettre en boule, couvrir d'un torchon.
Laisser reposer au moins 1 heure. La pâte doit être lisse et souple.
L'abaisser au rouleau (sur quelques mm d'épaisseur) sur une planche ou table farinée.
La découper en rectangles, en losanges, en carrés avec la roulette, faire de petites incisions, au milieu.
La friture étant chaude, cuire les beignets, les laisser dorer et les égoutter sur un linge.
Saupoudrer de sucre glace.
Certains ajoutent à la pâte de la levure de bière.

umhüllt sind und sie wie die Apfelbeignets in schwimmendem Fett ausbacken.
Man kann auch Beignets mit Kirschen, Himbeeren, Johannisbeeren und Erdbeeren zubereiten.

„Fasenachtskiechle"

350 g Mehl, 1 Prise Salz, 4 Eier, 100 g Butter (oder Öl), 50 g Zucker, 2 Eßl. Kirschwasser, das Abgeriebene einer Orange, 50 g Puderzucker. Fett oder Öl zum Ausbacken.

In einer Schüssel das Mehl, die Eier, das Salz, die weiche Butter, den Zucker, das Abgeriebene einer Orangenschale zusammenarbeiten. Das Kirschwasser daruntermischen. Den Teig ein paar Minuten durcharbeiten. Zusammenrollen und mit einem Tuch bedekken, mindestens eine Stunde ruhen lassen. Der Teig muß glatt und geschmeidig sein. Ihn auf einem bemehlten Backbrett oder einem bemehlten Tisch auswellen (einige mm dick).

In Rechtecke schneiden (oder in Rauten oder Vierecke) und in der Mitte kleine Einschnitte anbringen.
In gut heißem, schwimmendem Fett goldbraun ausbacken, auf einem saugfähigen Tuch abtropfen lassen.
Mit Zucker überpudern.
Manchmal gibt man auch Bierhefe in den Teig.

Beignets de carnaval du Sundgau «Schenkele» ou petites cuisses

250 g sucre, 400 g farine, 150 g amandes en poudre, 4 oeufs, 100 g beurre, 1 pincée de sel, 1 citron, grande friture (huile de préférence) 1 cuillerée à soupe de kirsch.

Travailler les oeufs avec le sucre, le zeste du citron et le sel jusqu'à ce que le mélange devienne blanc.

Ajouter le beurre fondu froid, le kirsch, les amandes en poudre et la farine.

Travailler bien la pâte jusqu'à ce qu'elle soit lisse.

La mettre en boule et la laisser reposer 2 h au frais.

Prélever des portions de pâte, les rouler sur la planche farinée en boudin, diviser en morceaux réguliers gros comme une grosse noix.

Les rouler en forme de navette allongée.

Avec la lame du couteau, faire une fente sur la longueur.

Faire frire dans la friture chaude.

Les beignets doivent gonfler avant de dorer.

Sortir et égoutter sur papier absorbant.

On dit que les «Schenkele» sont meilleurs le lendemain.

Le Sundgau est la région située à l'extrême sud de l'Alsace et qui a gardé une partie de ses traditions culinaires.

„Schenkele" Fastnachtsküchlein aus dem Sundgau

250 g Zucker, 400g Mehl, 150 g gemahlene Mandeln, 4 Eier, 100 g Butter, 1 Prise Salz, 1 Zitrone, 1 Eßl. Kirschwasser.
Öl zum Ausbacken.

Die Eier mit dem Zucker, dem Abgeriebenen einer Zitrone und dem Salz schaumig weiß rühren. Die geschmolzene, erkaltete Butter, das Kirschwasser, die gemahlenen Mandeln und das Mehl unterrühren und alles zu einem glatten, geschmeidigen Teig verarbeiten.

Zu einer Kugel zusammenrollen und zwei Stunden im Kühlen ruhen lassen.

Den Teig in mehrere Stücke teilen, sie auf einem bemehlten Brett zu einer Wurst rollen und in nußgroße Stücke schneiden. Jedes nußgroße Teigstückchen länglich ausrollen (in der Form eines Weberschiffchens) und in der Mitte der Länge nach einkerben.

In sehr heißem Öl ausbacken. Die „Schenkele" müssen aufgehen, bevor sie goldbraun werden. Herausnehmen und auf einem Tuch abtropfen lassen. (Oder auf saugfähigem Papier.)

Die „Schenkele" sollen am besten sein, wenn man sie erst am nächsten Tag ißt. Der Sundgau ist die südlichste Landschaft des Elsaß und hier hängt man noch an den alten, einheimischen Rezepten.

Flan aux pruneaux

Pâte brisée: 250 g farine, 125 g beurre, 1 pincée de sel, 30 g sucre, 1 oeuf, ½ verre d'eau.
Flan: 400 g pruneaux, 1 cuillerée à café de thé, 150 g crème fraîche, 1 oeuf, 60 g sucre, 2 cuillerées à café de liqueur à l'orange ou alcool de quetsches, 1 cuillerée à café de fécule.

Préparer un thé léger. En couvrir les pruneaux et laisser macérer 4 h pour les gonfler (on peut aussi faire macérer dans l'eau).

Préparer une pâte brisée (selon recette). La laisser reposer. Abaisser la pâte, en garnir le moule à tarte beurré et fariné. La piquer avec une fourchette.

Egoutter et dénoyauter les pruneaux. Les disposer sur le fond de la tarte.

Battre la crème avec l'oeuf entier, la fécule, le sucre et la liqueur. Verser sur les pruneaux. Parsemer de quelques noisettes de beurre.

Mettre à four chaud 30 minutes.

Servir tiède ou froid.

„Dörrzwetschgenfladen"

Mürbeteig: 250 g Mehl, 125 g Butter, 1 Prise Salz, 30 g Zucker, 1 Ei, ½ Glas Wasser.
Belag: 400 g Dörrzwetschgen, 1 Teel. Tee, 150 g Rahm, 1 Ei, 60 g Zucker, 2 Teel. Orangenlikör oder Zwetschgenschnaps, 1 Teel. Maizena.

Einen leichten Tee aufbrühen. Die Dörrzwetschgen damit bedecken und vier Stunden darin ziehen lassen, damit sie schön aufgehen. (Man kann sie auch in Wasser einweichen.)
Einen Mürbeteig nach Rezept zubereiten, ruhen lassen. Den Teig auswellen und damit eine gebutterte und bemehlte Kuchenform auslegen; mit einer Gabel einstechen.
Die Zwetschgen abtropfen lassen und entsteinen. Auf den Teigboden legen. Den Rahm mit dem ganzen Ei, dem Maizena, dem Zucker und dem Likör gut schlagen. Über die Dörrzwetschgen gießen und mit einigen Butterflöckchen bestreuen.
Im heißen Ofen 30 Minuten backen.
Lauwarm oder kalt auf den Tisch bringen.

Le pain de Noël «Birewecke»

250 g pâte à pain, 250 g poires sèches, 125 g pruneaux, 125 g figues, 60 g raisins de Malaga, 30 g sucre, 50 g noix hachées, 50 g d'amandes hachées, 60 g d'écorces d'orange et d'écorces de citron confits, 6 cl kirsch, une pincée de cannelle, un peu d'anis étoilé, 1 pincée de poudre de girofle.

Faire ramollir les poires et les pruneaux dans l'eau bouillante. Les égoutter, les hacher grossièrement.
Hacher les figues, les écorces d'orange et de citron.
Mélanger le tout, en ajoutant les raisins et les éfices.
Laisser macérer quelques heures (ou une nuit) dans le kirsch.
Ajouter les noix et les amandes hachées grossièrement puis le sucre.
Mélanger avec la pâte à pain. Travailler afin de bien incorporer les fruits.
Faconner la pâte en forme de pain allongé. Garnir la surface avec des amandes et des noix.
Mettre sur une plaque beurrée au four. Cuire à four moyen 40 minutes environ.

Ce «Birewecke» ou «Schnetzweka» se sert avant la messe de minuit avec une boisson chaude. Il se conserve plusieurs jours.

Weihnachtsbrot – „Birewecke"

250 g Brotteig, 250 g getrocknete Birnen, 125 g Dörrzwetschgen, 125 g getrocknete Feigen, 60 g Malagarosinen, 30 g Zucker, 50 g gehackte Nüsse, 50 g gehackte Mandeln, 60 g Zitronat, 60 g Orangeat, 6 cl Kirschwasser, 1 Prise Zimt, etwas Sternanis, 1 Prise gemahlene Gewürznelken.

Die Birnen und Zwetschgen in kochendem Wasser aufweichen, abtropfen lassen und grob hacken. Die Rosinen dazugeben und alles gut vermischen – zusammen mit den geschnittenen Feigen, dem kleingehackten Zitronat und Orangeat. Einige Stunden oder die ganze Nacht in dem Kirschwasser ziehen lassen.
Die grob gehackten Nüsse und Mandeln dazufügen, ebenso den Zucker und die Gewürze. Mit dem Brotteig vermengen und gut verarbeiten. Ein längliches Brot formen und die Oberfläche mit Mandeln und Nüssen bestecken.
Auf ein gebuttertes Blech legen und bei Mittelhitze etwa 40 Minuten im Backofen backen.
Dieser „Birewecke" oder „Schnetzwecke" wird vor der weihnachtlichen Mitternachtsmesse mit einem heißen Getränk verzehrt. Er hält sich mehrere Tage frisch.

Wunderbar

Oeufs à la neige

6 oeufs, 250 g sucre, 1 l de lait, 50 g sucre vanillé.

Verser le lait dans une large casserole, le faire bouillir après avoir ajouté le sucre et le sucre vanillé. Le maintenir bouillant (sur feu doux).
Mettre les jaunes d'oeufs dans une terrine.
Dans une autre terrine, mettre les blancs et les monter en neige très ferme. Ajouter le sucre vanillé.
A la surface du lait bouillant, déposer les blancs d'oeufs moulés à l'aide d'une grande cuillère. Les laisser cuire une minute et demie à 2 minutes, en surveillant.
Les retourner pour les cuire sur l'autre face, à l'aide d'une écumoire. Les égoutter.
Dans la terrine, travailler les jaunes en ajoutant peu à peu le lait bouillant. Mettre ce mélange dans une casserole sur feu doux (ou mieux au bain marie), tourner avec une cuillère de bois en appuyant sur le fond. Travailler sans cesse jusqu'à épaississement de la crème. Retirer alors aussitôt. Ne pas laisser bouillir.
Passer la crème à travers une passoire fine dans un compotier. Disposer les blancs égouttés sur la crème et mettre à refroidir.
On peut verser un caramel blond sur les blancs.

„Schneeier"

6 Eier, 250 g Zucker, 1 l Milch, 50 g vanillierter Zukker.

Die Milch in einen weiten Topf gießen, den Zucker und den vanillierten Zucker dazugeben und zum Kochen bringen. Die Milch auf kleiner Hitze ständig am Kochen erhalten.
Die Eigelb in eine Schüssel geben.
In einer anderen Schüssel die Eiweiß zu sehr steifem Schnee schlagen und etwas Vanillezucker vorsichtig darunterziehen.
Mit einem großen Löffel längliche Klöße von dem Eiweiß abstechen und auf die Oberfläche der kochenden Milch gleiten lassen. Sie 1–2 Minuten unter ständigem Überwachen kochen lassen, dann behutsam umdrehen und auf der anderen Seite kochen. Mit einem Schaumlöffel aus der Milch nehmen und abtropfen lassen.
In der Schüssel die Eigelb mit einem Rührlöffel bearbeiten und nach und nach die kochende Milch unterrühren. Diese Mischung in einen Topf auf schwaches Feuer geben (noch besser im Wasserbad) und mit einem Holzlöffel umrühren; (gut auf dem Topfboden rühren!) Ständig mit dem Rühren fortfahren, bis die Creme sich verdickt. Sofort vom Feuer nehmen. Die Creme darf nicht kochen.
Durch ein Haarsieb die Creme in eine Glasschale passieren. Die abgetropften Eiweißklöße daraufsetzen und kalt stellen.
Man kann über die Eiweiß noch einen blonden, flüssigen Karamel gießen.

Mendiant (Bettelmann)

800 g de cerises noires dénoyautées, 6 petits pains (rassis de préférence), 4 oeufs, 50 cl de lait chaud, 125 g sucre, un peu de vanille ou sucre vanillé, 1 zeste de citron, 1 pincée de cannelle, 2 cuillerées à soupe de kirsch, 50 g beurre.

Râper la croûte des petits pains. Conserver la chapelure.
Faire chauffer le lait et le verser très chaud sur les petits pains. Les écraser pour former une pâte. Ajouter le sucre, les 4 jaunes d'oeufs, la vanille, le zeste de citron, la cannelle, le kirsch.
Travailler le mélange et y incorporer les cerises puis délicatement un blanc d'oeuf battu en neige ferme.
Beurrer soigneusement un moule à bords hauts. Verser la pâte dans le moule.
Saupoudrer avec la chapelure des petits pains et parsemer de petites noisettes de beurre.
Cuire à four chaud 50 à 60 minutes.

Ce mendiant peut se conserver plusieurs jours. Il se mange chaud, tiède ou froid. Il peut aussi se faire avec des pommes.

,,Bettelmann"

800 g entsteinte, schwarze Kirschen, 6 trockene Brötchen, 4 Eier, 50 cl heiße Milch, 125 g Zucker, etwas Vanille oder Vanillezucker, das Abgeriebene einer Zitronenschale, 1 Prise Zimt, 2 Eßlöffel Kirschwasser, 50 g Butter.

Die Kruste der Brötchen abreiben und die Brösel aufbewahren. Die Milch erhitzen und sehr heiß über die Brötchen gießen. Weichen lassen und so fein wie möglich zerdrücken. Den Zucker, die vier Eigelb, die Vanille, das Abgeriebene der Zitrone, den Zimt, das Kirschwasser darunterrühren.

Die Mischung gut durcharbeiten, dann die Kirschen untermischen, und zuletzt den steifen Eischnee vorsichtig unterziehen.
Eine feuerfeste, hochwandige Form ausbuttern und mit der Bettelmannmasse füllen. Mit den Bröseln und kleinen Butterflöckchen bestreuen.
Im heißen Ofen 50–60 Minuten goldbraun backen.
Dieser ,,Bettelmann" hält sich mehrere Tage. Man kann ihn heiß, lauwarm oder kalt essen. Man kann statt der Kirschen auch Äpfel verwenden.

Kugelhopf

1 kg farine, 15 g sucre, 15 g sel, 300 g beurre, 3 oeufs, 40 cl de lait, 25 g levure de bière, 150 g raisins de Malaga épépinés, 80 g d'amandes, un petit verre de kirsch.

Préparer d'abord le levain: délayer dans un grand bol, la levure avec la moitié du lait tiède et la farine nécessaire pour faire une pâte de consistance moyenne. La laisser lever dans un endroit tiède.
Dans une terrine, réunir la farine, le sel, le sucre, les oeufs et le restant du lait tiède. Mélanger tous ces ingrédients, travailler la pâte en la soulevant avec la main et en la frappant contre les parois de la terrine. La petrir ainsi au moins ¼ d'heure.
Ajouter alors le beurre ramolli par un malaxage avec les mains puis le levain qui a doublé de volume. Pétrir encore quelques minutes.
Rassembler la pâte, couvrir la terrine d'un linge et laisser reposer dans un endroit tide 1 heure.

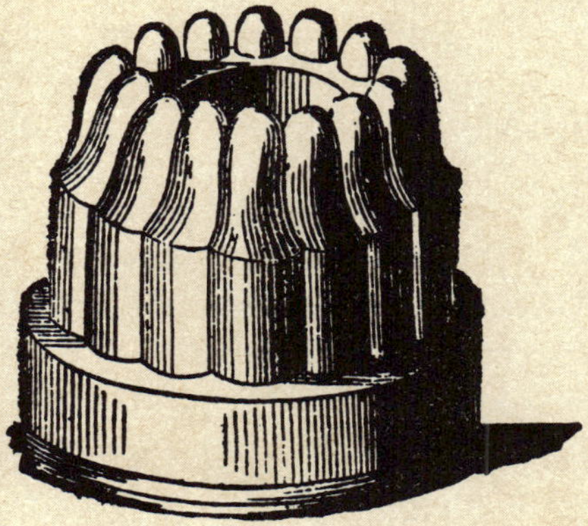

Gugelhopf

1000 g Mehl, 150 g Zucker, 15 g Salz, 300 g Butter, 3 Eier, 40 cl Milch, 25 g Bierhefe, 150 g entkernte Malagarosinen (oder Korinthen, auch Sultaninen sind möglich), 80 g Mandeln (oder Nußkerne), 1 kleines Glas Kirschschnaps.

Zuerst den Vorteig machen: in einer Schüssel die Hefe mit der Hälfte der lauwarmen Milch auflösen und soviel Mehl dazugeben, daß ein mitteldicker Teig entsteht. An einem lauwarmen Ort aufgehen lassen.

In einer Backschüssel Mehl, Salz, Zucker, Eier und den Rest der lauwarmen Milch vermischen un den Teig bearbeiten, indem man ihn mit der Hand hochhebt und gegen die Schüssel schlägt. Den Teig auf diese Art und Weise etwa ¼ Stunde bearbeiten. Dann die Butter unterkneten und danach den Hefevorteig, der sich durch das Aufgehen verdoppelt hat. Den Teig nochmals einige Minuten schlagen.

Den Teig zusammenballen, die Schüssel mit einem Tuch bedecken und an einem lauwarmen Ort gehen lassen (1 Stunde).

Ist der Teig genügend gegangen, reißt man ihn auf, löst ihn vom Schüsselboden, worauf er auf seinen urspünglichen Umfang zusammenfällt. Jetzt die im Kirschwasser eingeweichten und abgetropften Rosinen unterarbeiten und dann das Kirschwasser selbst.

Den Gugelhopfteig in eine sorgfältig mit Butter bestrichene Gugelhopfform geben, auf deren Boden man die geschälten Mandeln verteilt hat. Den Teig ein

Lorsque la pâte est levée, il faut la «rompre», la tapoter, la soulever pour lui faire reprendre son volume initial. Ajouter alors les raisins trempés au préable dans du kirsch ou de l'eau chaude, puis ajouter le kirsch.
Mette la pâte à kugelhopf dans un moule à kugelhopf soigneusement beurré dont les cannelures du fond auront été garnies d'amandes pelées. Laisser la pâte remonter une seconde fois jusqu'au bord et mettre dans un four moyen.
Si le gâteau se colore trop, couvrier de papier.
Cuire environ 50 minutes.

Petits fours à l'anis

3 oeufs, 250 g sucre, 250 g farine, 15 g d'anis en grains.

Fouetter les oeufs et le sucre durant 20 à 30 minutes jusqu'à l'obtention d'une mousse épaisse et blanche qui forme un «ruban» lorsqu'on la soulève. Ajouter l'anis.
Incorporer délicatement la farine avec une spatule en bois.
Sur une tôle beurrée et farinée, disposer la pâte en petits tas à l'aide d'une cuillère à café. Laisser reposer pour sécher pendant la nuit.
Cuire le lendemain à four moyen (ne pas laisser colorer le dessus des petits fours, il doit gonfler et rester blanc).

zweites Mal gehen lassen, bis der Rand der Gugelhopfform erreicht ist und bei Mittelhitze etwa 50 Minuten im Backofen backen.
Sollte der Gugelhopf zu schnell bräunen, mit einem Butterbrotpapier abdecken.

Anisplätzchen – „Anisbreedle"

3 Eier, 250 g Zucker, 250 g Mehl, 15 g Aniskörner.

Die Eier und den Zucker 20–30 Minuten schaumigschlagen, bis sich ein dicker weißer Schaum bildet, der sich bandförmig hochheben läßt. Den Anis dazugeben.

Behutsam das Mehl mit einem Holzrührlöffel unterheben.

Auf ein gebuttertes und gemehltes Blech mit einem Teelöffel kleine Teighäufchen setzen. Die ganze Nacht hindurch trocknen lassen.
Am nächsten Morgen bei Mittelhitze backen. Die Anisplätzchen müssen schön aufgehen und auf der Oberseite weiß bleiben.

Petits fours de Colmar

250 g farine, 125 g sucre, 125 g beurre, 3 cuillerées à soupe de vin blanc d'Alsace, 1 jaune d'oeuf, 1 autre jaune pour dorer.

Mélanger le beurre ramolli, le sucre, l'oeuf, la farine. Ajouter le vin blanc. Bien malaxer le tout.
Etendre la pâte au rouleau sur 4 mm d'épaisseur environ. Découper des formes variées à l'emporte pièce, les dorer à l'oeuf et les faire cuire sur une tôle beurrée, à four moyen 10 minutes environ.

Petits fours de Noël

250 g farine, 125 g sucre, 125 g beurre, 100 g d'écorces d'orange et de citron confits, 125 g d'amandes en poudre, 1 à 2 oeufs, le zeste d'¹/₄ de citron, 1 cuillerée à coupe de kirsch, 1 cuillerée à café de cannelle en poudre.

Dans une terrine, creuser en puits avec la farine, y mettre le beurre ramolli, le sucre, le jaune d'oeuf, la cannelle, les écorces confites hachées, les amandes en poudre, le zeste de citron, le kirsch.
Bien mélanger le tout et pétrir pour avoir une pâte lisse et assez ferme (si la pâte est trop sèche, ajouter le 2 ème jaune d'oeuf).
Laisser reposer quelques heures ou mieux une nuit.
Etaler la pâte très mince (3 ou 4 mm).

Kolmarer Plätzchen

250 g Mehl, 125 g Zucker, 125 g Butter, 3 Eßl. Elsässer Weißwein, 1 Eigelb, 1 Eigelb zum Bestreichen.

Die weiche Butter, den Zucker, das Ei, das Mehl vermischen und den Weißwein dazugeben. Gut vermengen.
Den Teig mit dem Wellholz auf 4 mm Dicke auswellen, mit kleinen Förmchen verschiedene Figuren ausstechen, mit dem Eigelb bestreichen und bei Mittelhitze etwa 10 Minuten auf einem gefetteten Backblech backen.

Weihnachtsgebäck: „Schwowebreedle"

250 g Mehl, 125 g Zucker, 125 g Butter, 100 g Zitronat und Orangeat, 125 g gemahlene Mandeln, 1–2 Eier, das Abgeriebene einer viertel Zitrone, 1 Eßl. Kirschwasser, 1 Teel. Zimt.

Das Mehl in eine Schüssel geben, eine Vertiefung in der Mitte machen und die weiche Butter, den Zucker, das Eigelb, den Zimt, das Zitronat, das Orangeat (klein gehackt), die gemahlenen Mandeln, die abgeriebene Zitronenschale und das Kirschwasser hineingeben.
Alles gut vermischen und kneten, bis der Teig fest und geschmeidig ist. (Ist der Teig zu trocken, das zweite Eigelb dazugeben.)

Découper avec de petites formes variées (coeur, étoile, croissant, oiseau etc)
Poser sur une plaque beurrée, dorer le dessus de l'oeuf. (Cuire à four moyen 10 à 15 minutes.

Créme au kirsch

1 l de lait, 6 oeufs, 125 g farine, 1 gousse de vanille, 1 pincée de sel, 250 g crème fraîche, 200 g sucre, 1 noix de beurre, 1 dl kirsch.

Dans une casserole, faire bouillir le lait avec la gousse de vanille, laisser infuser hors du feu.
Pendant ce temps, battre les jaunes d'oeufs avec le sucre mélangé à la farine.
Verser dans le lait.
Remettre la casserole sur le feu et amener lentement à ébullition en remuant constamment au fouet. Verser dans un compotier en passant la crème cuite à travers une passoire fine.
Laisser refroidir en posant sur la crème une feuille d'aluminium beurrée (ce qui évite la formation de peau à la surface de la crème).
Avant de servir, ajouter le kirsch. Fouetter la crème fraîche en Chantilly, l'incorporer délicatement à la crème cuite. Mélanger en gardant toute la légèreté à la créme.

Einige Stunden oder besser eine ganze Nacht ruhen lassen.
Den Teig sehr dünn auswellen (3–4 mm dick) und mit Förmchen allerlei Figuren ausstechen.
Auf ein gebuttertes Blech legen, mit Eigelb bestreichen und bei Mittelhitze 10–15 Minuten im Backofen backen.

Kirschwassercreme

1 l Milch, 6 Eier, 125 g Mehl, 1 Vanilleschote, 1 Prise Salz, 250 g Rahm, 200 g Zucker, 1 Stück Butter, 1 dl Kirschwasser.

In einem Topf die Milch mit der aufgeschnittenen Vanilleschote und 1 Prise Salz aufkochen. Vom Feuer nehmen und ziehen lassen.

Unterdessen die Eigelb mit dem mit Mehl gemischten Zucker verrühren. In die Milch geben, den Topf wieder auf das Feuer stellen und langsam zum Kochen bringen. Ständig mit dem Schneebesen rühren, bis die Masse sich dickt. Durch ein feines Sieb in eine Glasschale gießen.

Erkalten lassen. Um die Bildung einer Haut zu vermeiden, Aluminiumfolie über die Glasschale decken, die man vorher leicht mit Butter bestrichen hat.
Vor dem Auftragen das Kirschwasser unter die Creme mischen. Den Schlagrahm steifschlagen und behutsam unter die Creme ziehen.

Boissons
Getränke

Vin chaud à cannelle

1 bouteille de pinot blanc d'Alsace, 1 bouteille de pinot noir d'Alsace, 2 bâtons de cannelle en morceaux, 4 à 5 étoiles d'anis, 350 g de sucre, 2 citrons.

Dans une grande casserole, faire bouillir 1 l d'eau avec la cannelle, l'anis, le sucre. Au bout de 10 minutes d'ébullition, ajouter les 2 bouteilles de pinot ainsi que les rondelles des 2 citrons.
Attendre que le vin commence à bouillir, retirer alors du feu. Laisser reposer 5 à 10 minutes, servir dans de grands verres à pied.

C'est une tradition à Noël, en Alsace, au retour de la messe de minuit, de boire le vin chaud qu'on accompagne des petits biscuits secs de Noël.

Vin de noix

3 l de vin rouge (pinot noir), 1 l d'eau de vie de blanche, 40 morceaux de sucre, 40 noix vertes concassées, 16 grains d'anis étoilé, 1 bâtonnet de cannelle.

Dans une bonbonne, mettre le vin, l'eau de vie, le sucre et les noix, la cannelle.

Agiter les 3, 4 premiers jours pour faire fondre le sucre. Laisser ensuite reposer 15 jours.

Après ce temps, filtrer et mettre en bouteilles.

Zimtglühwein

Danke

1 Flasche Pinot Blanc (Weißwein) aus dem Elsaß. 1 Flasche Rouge (Rotwein) aus dem Elsaß, 2 in Stücke gebrochene Zimtstangen, 4–5 Sternanis,, 350 g Zukker, 2 Zitronen.

In einem großen Topf 1 l Wasser mit dem Zimt, dem Sternanis und dem Zucker aufkochen. Nach zehnminütigem Kochen die zwei Flaschen Wein und die in Scheiben geschnittenen Zitronen dazugeben.
Wenn die Mischung zum erstenmal aufwallt, sofort vom Feuer nehmen. Fünf bis zehn Minuten ruhen lassen und in hitzebeständigen Stielgläsern servieren.

Es ist eine alte Weihnachtssitte im Elsaß, nach der Rückkehr von der Weihnachtsmesse heißen Glühwein und kleines Weihnachtsgebäck zu servieren.

Nußwein

3 Liter Rotwein (im Elsaß nimmt man Pinot Noir), 1 l Schnaps, 40 Stücke Zucker, 40 zerstampfte grüne Nüsse, 16 Körner Sternanis, 1 Zimtstange.

Den Wein, den Schnaps, den Zucker, die Nüsse, den Zimt und den Anis in eine Korbflasche geben. Die ersten 3–4 Tage die Korbflasche schütteln, damit sich der Zucker auflöst. Dann vierzehn Tage ruhen lassen. Zum Schluß die Mischung durchseihen und in Flaschen füllen.

Liqueur de noix

½ l d'eau de vie blanche, 28 ou 30 noix vertes en morceaux (ramassées à la St Jean), 500 g de sucre, 3 ou 4 grains d'anis étoilé.

Mettre les noix avec l'eau de vie dans un bocal ou une grande bouteille avec l'anis. Laiser reposer 28 à 30 jours.
Ensuite, préparer un sirop: mélanger l'eau de vie avec ½ litre d'eau et 500 g de sucre.
Ajouter le sirop à l'eau de vie contenant les noix. Filtrer.

Nußlikör

½ l Schnaps, 28–30 grüne, in Stücke zerhackte Nüsse (am Johannistag zu pflücken!), 500 g Zucker, 3–4 Körner Sternanis.

Die Nüsse in einen Topf oder in eine große Flasche geben, zusammen mit dem Schnaps und dem Sternanis. 28–30 Tage ziehen lassen. Danach einen Sirup aus ½ l Wasser und 500 g Zucker bereiten und in die Nuß-Schnapsmischung gießen. Durchseihen und abfüllen.

Liqueur de cassis

1 kg de cassis bien mûrs (fraîchement cueillis du jardin), 10 feuilles de cassis, 1 l d'eau de vie blanche à 45 %, un petit morceau d'écorce de cannelle, 600 g sucre semoule.

Laver et bien égoutter les grains de cassis, les égrener.
Laver et sécher avec soin les feuilles de cassis, les froisser avec les doigts.
Disposer les feuilles dans le fond d'un bocal en verre, y mettre la cannelle puis les grains de cassis.
Ajouter l'eau de vie, couvrir le bocal et laisser macérer 2 mois
Au bout de ce temps, faire le sirop: dissoudre le sucre dans l'eau, dans une casserole à feu doux jusqu'au premier bouillon.
Passer le contenu du bocal dans une terrine, à travers un linge fin. Retirer les feuilles et la cannelle. Enfermer les baies dans le linge et tordre le linge de façon à extraire tout le jus du fruit.
Mélanger le sirop de sucre refroidi au contenu de la terrine.
Mettre en bouteille et attendre un mois avant de déguster.

Schwarzer Johannisbeerlikör

1000 g frisch gepflückte schwarze Johannisbeeren, 10 Blätter der schwarzen Johannisbeeren, 1 l Schnaps (45 %), 1 kleines Stück Zimt, 600 g feiner Zucker.

Die schwarzen Johannisbeeren gut waschen, abtropfen lassen, von den Kämmen befreien. Die Blätter waschen, abtrocknen und zwischen den Fingern zerreiben.
Die Blätter in einen Glaspokal legen, den Zimt und die abgestielten Johannisbeeren daraufschichten. Mit Schnaps übergießen, den Pokal zudecken und zwei Monate ruhen lassen. Dann den Zucker in Wasser auflösen und in einem Topf bei schwachem Feuer zum Aufkochen bringen.
Den Inhalt des Glaspokals in eine Schüssel seihen (am besten durch ein feines Tuch), die Johannisbeeren im Tuch einschließen und tüchtig auswringen, bis kein Saft mehr in den Beeren ist.
Den abgekühlten Zuckersirup daruntermischen.
In Flaschen abfüllen und erst einen Monat später trinken.

Sehr gut